AI 네이티브
시대가 온다

AI 네이티브 시대가 온다

기업과 개인을 위한
생존과 성장의 코드

The Age of AI Natives

윤석빈 지음

굿모닝미디어

추천사

변화의 물결이 이렇게 빠르고 깊었던 적이 있었을까. 디지털 혁명 속에서 우리는 '잘하는 것에 집중하고, 부족한 것은 연결'하며 성장해왔다. 이제 그 '연결'의 자리에 AI가 들어섰다. AI는 단순한 네트워크를 넘어 사고와 실행을 동시에 확장하는 '지능의 연결자'다.

'AI 네이티브'는 기술 활용이 아니라 사고 구조의 핵심에 AI를 두는 새로운 존재 방식이다. AI를 동반자이자 플랫폼으로 바라보며, 조직과 개인이 AI를 정체성과 가치 창출 구조에 통합하는 길을 제시한다.

— **지용구**, 더존비즈온 성장전략부문 대표

AI 시대는 이미 왔다. 문제는 도입과 활용이다. 어디에, 어떻게, 얼마나 적용할 것인가. 다른 기업은 어떻게 하고 있는가.

모두의 화두이지만, 핵심은 따로 있다. AI 립스틱을 넘어 'AI 네이티브'가 되어야 한다. 업무에 AI를 적용하는 것이 아니라, AI가 업무를 바꾸게 해야 한다.

《AI 네이티브 시대가 온다》는 AI 전환의 본질을 짚어 낸다. 윤

○○○●

석빈 교수는 30년간 기술이 조직을 변화시키는 현장을 지켜보며 얻은 통찰을 담았다. AI 시대를 기회로 만들고자 하는 모든 리더에게 권한다.

- **김인현**, 투이컨설팅 대표이사

AI 네이티브 시대는 기술의 변화만이 아니라 경영 패러다임의 재편을 의미한다. 이 책은 AI를 단순한 혁신 도구가 아닌, 조직 전략과 문화 전반을 바꾸는 핵심 동력으로 바라보게 한다.

저자는 심층 분석과 풍부한 사례를 통해 AI 도입의 성공 조건과 그 속에 숨은 경영학적 함의를 명확히 풀어냈다. AI 시대를 준비하는 모든 경영자와 리더에게 강력히 권한다.

- **양희동**, 이화여자대학교 경영대학 교수 / 한국경영학회 회장

AI와 블록체인 융합의 가능성을 놀라운 통찰력으로 보여주고 있다. AI를 기술이 아닌 새로운 정보 생태계의 주인공으로 바라보았으며, 데이터 주권과 탈중앙화의 미래를 생각해볼 기회를 준다. 저자는 국내외 관련 산업 사례를 통해 'AI 네이티브'의 전략적 가치와 새로운 비즈니스 모델의 실체를 생생하게 보여주었다. AI·블록체인 융합 시대를 준비하는 이들에게 새로운 시각을 제시할 것이다.

- **박용범**, 단국대학교 소프트웨어학과 교수 / 한국블록체인학회 회장

우리는 인공지능(AI)이 산업과 기업의 정의를 다시 쓰는 거대한 전환의 한복판에 서 있다. 윤석빈 저자의 《AI 네이티브 시대가 온다》는 이 격변의 시대를 항해하는 리더와 조직을 위한 단순한 기술 해설서를 넘어, 미래 경영 전략의 본질을 꿰뚫는 깊이 있는 통찰을 담은 필독서다.

이 책은 AI를 단순한 '도구(tool)'로 바라보는 관점에서 벗어나, 우리와 함께 사고하고 가치를 창조하는 '지능형 파트너'로 인식해야 한다는 근본적인 '인지적 전환'을 역설한다. 이러한 관점의 변화

야말로 AI 시대에 생존과 성장을 가늠하는 첫 번째 단추가 될 것이다. 저자는 'Software 3.0' 패러다임이 어떻게 'AI 네이티브' 기업의 비즈니스 모델로 이어지는지를 팔란티어, 카카오 등 구체적 사례로 설득력 있게 풀어낸다.

나아가 '질문하는 리더십', 'M자형 인재'의 필요성을 역설하고, AI와 Web3.0 융합이라는 미래 청사진까지 제시하며 기업이 나아갈 길을 입체적으로 조망한다.

변화의 본질을 꿰뚫고 미래의 방향을 찾고자 하는 모든 분에게 이 책이 단순한 지식을 넘어, 새로운 시대를 주도할 지혜의 원천이 되리라 확신하며 기꺼이 추천한다.

- **이동원**, 고려대학교 경영대학 교수 / 한국경영정보학회장

AI 네이티브 시대는 기술과 법의 경계를 재정의하는 시기다. 새로이 생겨나는 법적·윤리적 과제를 현명하게 풀어가야 한다. 이 책은 규제와 혁신의 균형점을 찾는 통찰을 제공한다.

- **조원희**, 법무법인 DLG 대표 변호사 / 한국웹3블록체인 협회장

서문
AI 네이티브 시대의 새로운 서막

우리는 디지털 네이티브라는 용어에 이미 익숙하다. 디지털 기술과 함께 태어나 성장하며, 디지털 기술을 자연스럽게 일상과 업무의 일부로 활용하는 세대를 우리는 디지털 네이티브라 부른다.

그러나 이제 우리는 또 다른 근본적인 전환점 앞에 서 있다. 바로 'AI 네이티브(AI Native)' 시대의 도래다. 우리는 지금 인류 문명의 대전환기 한가운데에 서 있다. 인공지능(AI)은 더 이상 일부 전문가나 특정 산업의 전유물이 아니다.

AI는 이미 우리의 일상 속에 깊숙이 들어와 있으며, 우리가 아침에 눈을 뜨는 순간부터 잠자리에 드는 시간까지 끊임없이 영향을 미치고 있다. 스마트폰 속 AI 비서, 온라인 쇼핑 추천 알고리즘, 이메일 자동 완성 기능, 그리고 직장에서의 협업 도구에 이르기까지, 우리는 AI와 공존하며 살아가는 시대에 진입했다.

이제 AI는 단순한 도구를 넘어선 존재가 되었다. 우리는 그

것을 파트너로 인식해야 한다. 그리고 이러한 시대에 자연스럽게 AI에 적응하며 자라나는 세대, 또는 AI 기술과 함께 능동적으로 공존하려는 개인과 조직이 바로 'AI 네이티브'다. 이들은 AI를 마치 공기처럼 받아들이고, 삶의 모든 과정에 AI를 접목하여 창의성과 생산성을 극대화하는 존재다. 과거 산업혁명은 인간의 노동을 기계로 대체했고, 정보혁명은 정보를 처리하는 방식에 혁신을 가져왔다.

그리고 지금 AI 혁명은 인간의 사고, 학습, 판단, 창조의 방식에 근본적인 변화를 불러오고 있다. 이러한 변화는 단순히 기술의 진보에 그치지 않는다. 그것은 인간의 역할, 교육의 형태, 기업의 조직 구조, 사회의 윤리 체계까지도 다시 설계하게 만든다.

AI 네이티브는 단순히 AI를 잘 다루는 사람을 의미하지 않는다. 그것은 AI를 기반으로 사고하고, 문제를 해결하며, 가치를 창출하는 '사고방식의 전환'을 뜻한다. 이들은 복잡한 문제 앞에서도 AI와 협력하여 해답을 찾아내고, 데이터를 분석하여 의사 결정을 내리며, 자신의 업무 방식과 창의적 활동에 AI를 적극적으로 결합한다. 이들에게 AI는 하나의 플랫폼이자 생태계이며, 확장 가능한 지능의 형태로 작용한다.

불과 한 세대 전만 해도 디지털 네이티브의 등장은 큰 충격이었다. 이들은 디지털 기술을 자유롭게 다루며 새로운 문화와 소비 형태를 만들어냈다.

하지만 AI 네이티브는 그보다 더 근본적인 전환을 예고하고 있다. 디지털 네이티브가 '정보 소비자'였다면, AI 네이티브는 '지식 창조자'로 거듭난다. AI를 통해 스스로 학습하고, 설계하고, 창조하는 존재로 진화한다.

AI 네이티브 시대는 더 이상 다가올 미래가 아니라, 지금 이 순간 진행 중인 현실이다. 기업의 입장에서 AI를 전략적으로 도입하고, 전사적으로 내재화하지 않으면 경쟁력을 잃는 시대가 되었으며, 개인 역시 AI에 대한 이해와 활용 능력을 갖추지 않으면 직업적 생존 자체가 위협받을 수 있다. AI를 잘 다루는 것이 선택이 아니라 기본 소양이 된 시대, 우리는 AI 네이티브로 거듭나야만 한다.

이 책은 AI 네이티브 시대를 살아가야 할 모든 이들을 위한 종합적인 나침반이다. AI가 단순한 기술을 넘어 인간의 파트너로 자리매김하는 과정을 다양한 관점에서 조망하며, 실제로 개인과 조직이 어떻게 이 전환에 대비해야 하는지를 구체적으로 제시한다. 기술적인 해설에 그치지 않고, 인간 중심의 윤리와 협업, 창의성의 발현이라는 차원에서 AI와의 공존 방식을 모색한다.

또한, 국내외의 성공적인 AI 네이티브 기업 사례를 통해 변화의 구체적인 실체를 보여주고, 다양한 산업에서 AI가 어떤 방식으로 혁신을 이끌고 있는지 생생한 인사이트를 제공한다. AI 에이전트와의 협업 사례, 생성형 AI의 활용 전략, 교육과 일자리 변화에 대한 전망까지 폭넓게 다룰 것이다.

우리가 맞이한 AI 네이티브 시대는 분명 도전적인 시대다. 데이터 편향성, 정보 과잉, 프라이버시 침해 등 다양한 사회적 쟁점이 존재하며, 기술을 둘러싼 규제와 윤리적 논의도 활발히 전개되고 있다. 이 책은 그러한 쟁점을 회피하지 않고, 독자에게 올바른 방향성을 제시하기 위해 다양한 입장과 해결책을 성찰적으로 제안한다.

AI 네이티브는 미래를 준비하는 것이 아니라, 현재를 살아내는 방식이다. AI는 인간을 대체하는 존재가 아니라 인간의 능력을 확장시키는 동반자다.

따라서 우리는 AI에 대한 두려움을 넘어서, 이를 이해하고 활용하며, 함께 진화하는 존재로 나아가야 한다. 이 책이 바로 그 여정의 출발점이 되기를 바란다.

독자 여러분이 이 책을 통해 AI 네이티브로서의 정체성을 확립하고, AI와 더불어 살아가는 시대의 주인공으로 성장할 수 있기를 진심으로 기대한다. 변화는 이미 시작되었고, 그 중심에는 당신이 있다.

마지막으로 하나님과 가족 분들에게 감사하다.

차례

추천사 4

서문 AI 네이티브 시대의 새로운 서막 8

PART 1
AI 네이티브, 혁신적 변화의 시작

1장 AI 네이티브의 등장

1.1 AI 네이티브란 무엇인가: AI를 사용하는 것을 넘어서	24
1.2 인지적 전환: 도구 사용자를 넘어 파트너로	29
1.3 생성형 AI 혁명과 시대적 전환점	32
1.4 디지털 네이티브 vs. AI 네이티브 비교	35
1.5 미래를 여는 AI 네이티브: 기회와 과제	38

2장 소프트웨어 3.0과 AI 네이티브의 연결

2.1 프로그래밍 패러다임의 진화: 명령에서 학습으로, 학습에서 대화로   42
2.2 LLM: 새로운 시대의 범용 운영체제(OS)   50
2.3 넘어야 할 산: 소프트웨어 3.0의 한계와 미래   55
2.4 AI와 협업하는 미래: 대체가 아닌 '증강'을 선택하라   58

PART 2
AI 네이티브 기업의 탄생과 성장

3장 AI 네이티브 기업의 조건과 특징

3.1 AI 네이티브 기업의 정의와 비즈니스 모델 전환   66
3.2 데이터 해자(Data Moat) 구축 전략   82

3.3 전통 기업과 AI 네이티브 기업의 본질적 차이　　　　　86
3.4 AI 네이티브 기업 사례 분석 1　　　　　90
3.5 AI 네이티브 기업 사례 분석 2　　　　　93

4장 AI 중심 조직 구축 전략

4.1 레거시 조직의 한계와 새로운 조직 설계　　　　　100
4.2 민첩한 조직을 위한 프레임워크: 스포티파이 모델　　　　　106
4.3 문화적 기반: 구글의 아리스토텔레스 프로젝트　　　　　108
4.4 AI 시대의 성과 측정: 새로운 KPI를 찾아서　　　　　113
4.5 AI 네이티브 전환을 위한 실천 로드맵　　　　　115

5장 AI 네이티브 리더십과 인재 전략

5.1 새로운 리더십: '모든 것을 아는 자'에서 '모든 것을 배우는 자'로　　　　　130

5.2 질문 기반 리더의 탄생 136
5.3 교육 시스템의 변화: AI 네이티브를 기르는 법 138
5.4 새로운 인재상: I자형, T자형을 넘어 M자형 인재로 140
5.5 기업의 인재 전략: 리스킬링(Reskilling)이 핵심이다 147

PART 3
AI 네이티브 시대의 사회적 변화와 미래 전망

6장 AI 네이티브 사회의 새로운 모습

6.1 인간과 AI의 공존: 켄타우로스 모델의 심화 154
6.2 일자리 구조의 변화와 대응 전략 164
6.3 AI 격차와 사회적 과제 174
6.4 개인화된 AI 에이전트와 삶의 변화 178

7장 웹3.0과 AI 네이티브의 융합

7.1 왜 AI는 웹 3.0을 필요로 하는가: 중앙집권 모델의 한계	186
7.2 융합의 핵심 원리: DeAI, 데이터 주권, 그리고 토큰 경제	191
7.3 현실 속의 융합: 구체적 사례 분석	198
7.4 에이전트 경제의 서막: 자율적 주체들의 상호작용	205
7.5 도전 과제와 나아갈 길	209

8장 미래 시나리오와 대응 전략

8.1 가속 수익의 법칙과 기술적 특이점	216
8.2 지정학적 변수와 다극화된 AI 세계	221
8.3 2030년~2050년 AI 네이티브 시대의 명암	237
8.4 AI를 활용한 지속가능한 미래 설계	245
8.5 개인과 조직의 장기적 생존 전략	249
8.6 양자 AI, 양자 머신러닝: 다음 차원의 기술 혁명	256

9장 인간 중심 AI를 위한 규범과 가치

9.1 윤리적 책임: 신뢰할 수 있는 AI 구축	274
9.2 편향성의 도전: '젠더 쉐이드'의 교훈	285
9.3 새로운 직책의 부상: AI 윤리 책임자	289
9.4 실천 가이드: 기업 내 AI 윤리 위원회 구축하기	294
9.5 인간 중심 AI 구현을 위한 제언: 스탠퍼드 HAI의 비전	300

참고문헌 310

PART 1
AI 네이티브, 혁신적 변화의 시작

여기에 새로운 세대가 등장했다. 이들은 태어날 때부터 혹은 사회생활을 시작하는 시점부터 인공지능(AI)을 공기처럼 자연스러운 존재로 받아들인다. 단순히 새로운 기술을 '사용'하는 차원을 넘어, AI와 함께 배우고, 문제를 해결하며, 새로운 가치를 창조하는 데 익숙하다. 이들에게 AI는 선택 가능한 도구가 아니라, 호흡처럼 당연한 삶의 일부다.

예를 들어, 한 학생이 어려운 수학 문제를 만났다고 상상해 보자. 이전 세대라면 해답지를 찾아보거나 교과서를 뒤적이는 데 시간을 썼을 것이다. 혹은 인터넷 검색창에 문제의 일부를 입력하여 비슷한 유형을 찾아 헤맸을지도 모른다.

하지만 AI 네이티브 세대는 다르다. 이 학생은 주저 없이 AI 튜터(Tutor)에게 "이 문제를 어떻게 풀어야 할지 힌트를 줘"라고 질문한다. AI는 학생의 이전 학습 기록과 현재의 이해도를 분석하여 가장 적절한 수준의 단계별 힌트를 제공하고,

1장
AI 네이티브의 등장

학생은 AI와 대화하며 문제 해결 능력을 키운다. 학교 과제를 할 때도, 특정 주제에 대한 정보를 나열하는 검색엔진보다, 주제에 대한 심도 있는 분석과 요약을 제공하는 AI 챗봇에게 먼저 질문하는 경험을 자연스럽게 쌓아왔다. 이처럼 AI와 파트너로서 상호작용하는 경험은 이들의 사고방식과 삶의 양식을 근본적으로 바꾸고 있다.

이 새로운 인류, 'AI 네이티브(AI Native)'의 등장은 기업과 사회 전반에 거대한 변화의 파도를 몰고 오고 있다. 그들은 미래의 인재상이자, 비즈니스의 판도를 바꿀 핵심 동력이다. 이 장에서는 AI 네이티브가 누구이며, 그들이 이전 세대와 어떻게 다른지, 그리고 그들의 등장이 우리가 살아가는 세상을 어떻게 재편하고 있는지 심도 있게 탐색하고자 한다. 이들의 출현은 단순한 세대 교체를 넘어, 인류가 지식과 기술을 대하는 방식 자체의 패러다임 전환을 예고하기 때문이다.

1.1 AI 네이티브란 무엇인가: AI를 사용하는 것을 넘어서

'AI 네이티브'라는 개념을 이해하는 첫걸음은 'AI 지원(AI-enabled)'과 'AI 네이티브(AI-native)'의 근본적인 차이를 인식하는 것에서 시작한다. 이 두 용어는 종종 혼용되지만, 그 본질에는 깊은 간극이 존재한다. AI 네이티브 개체, 즉 사람, 제품, 혹은 기업은 단순히 AI를 사용하는 수준을 넘어, 인공지능을 그 존재의 절대적인 핵심에 두고 있다. 이는 기존 시스템에 AI 기능을 나중에 덧붙이는 '볼트-온(bolted-on)' 방식과는 질적으로 다르다. AI 네이티브는 처음부터 AI를 시스템의 가치를 정의하는 근본 요소로 삼아 설계된다.

이 차이는 어도비 포토샵(Adobe Photoshop)과 재스퍼(Jasper)의 비교를 통해 명확히 드러난다. 포토샵은 수십 년간 이미지 편집 소프트웨어의 강자로 군림해왔으며, 최근 '생성형 채우기

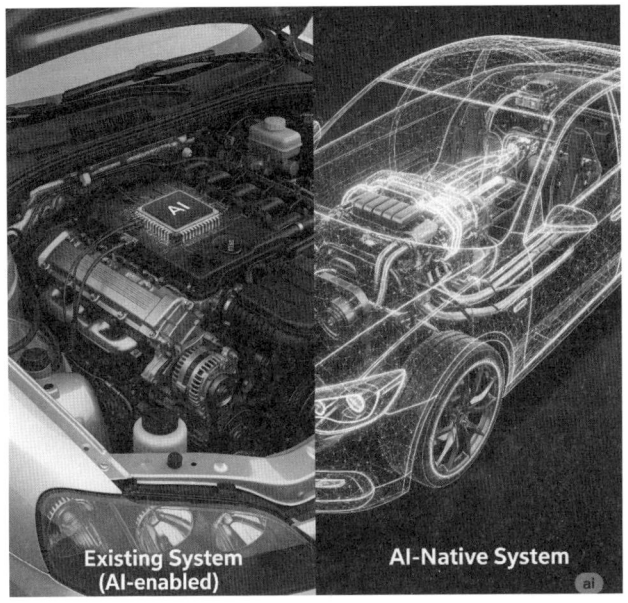

[그림 1-1] AI-지원 vs. AI-네이티브

(Generative Fill)'와 같은 강력한 AI 기능을 추가했다. 이 기능은 놀랍지만, 포토샵의 핵심은 여전히 정교한 수동 편집 도구에 있다. AI는 강력한 보조 기능일 뿐, 포토샵의 본질을 바꾸지는 않는다. 이것이 바로 대표적인 'AI-enabled' 사례다.

반면, AI 기반 콘텐츠 생성 서비스인 재스퍼나 이미지 생성 AI인 미드저니(Midjourney)는 AI가 없다면 애초에 존재할 수 없는 'AI-native' 제품이다. 이들의 비즈니스 모델과 핵심 가치는 전적으로 AI의 생성 능력에 기반한다.

이러한 구분은 단순한 기술적 정의를 넘어, 기업의 미래 잠재력을 가늠하는 강력한 전략적 렌즈가 된다. 어떤 기업의 AI 도입 수준을 평가할 때 "만약 이 회사에서 AI를 제거한다면, 비즈니스가 여전히 존재할 수 있는가?"라는 질문을 던져볼 수 있다. 만약 답이 '그렇다'라면 그 기업은 AI-enabled 기업으로, 기존 시스템의 제약 속에서 점진적인 개선을 추구할 가능성이 높다. 이런 기업들은 레거시 인프라와 분산된 데이터 사일로(Data Silo) 문제로 인해 혁신의 속도가 더딜 수밖에 없다.

반면, 답이 '아니오'라면 그 기업은 AI-native 기업이다. 이들은 전체 아키텍처를 지속적인 데이터 피드백 루프 중심으로 구축하여, 핵심 제품이 실시간으로 학습하고 기하급수적으로 발전할 수 있는 잠재력을 가진다. 따라서 이들은 기존 시장의 경쟁자가 아니라 새로운 시장을 창조하는 파괴적 혁신가가 될 가능성이 크다.

AI를 핵심에 둔 시스템과 조직은 본질적으로 다른 작동 방식을 보인다. AI 네이티브 시스템은 다음과 같은 네 가지 주요 특성을 통해 기존 시스템과 구별된다.

지속 학습(Continuous Learning)

AI 네이티브 시스템은 한번 만들어지고 끝나는 정적인 모델이 아니다. 마치 인간이 연습을 통해 능숙해지듯, 사용자와의 상호작용 데이터를 끊임없이 학습하며 스스로 적응하고 개선한다. 사용자가 서비스를 이용하는 모든 순간이 시스템을 더 똑똑하게 만드는 데이터가 된다. 이러한 내재된 학습 능력은 빠르게 변하는 환경에서 핵심적인 경쟁 우위로 작용한다.

지능의 보편화(Intelligence Flows Everywhere)

전통적인 시스템에서 AI가 특정 작업을 위한 '특별한 기능'이었다면, AI 네이티브 시스템에서는 지능이 '공기'처럼 조직의 모든 기능과 프로세스에 스며들어 지원한다. 사용자가 AI의 존재를 의식하지 못하는 사이에도, AI는 전반적인 경험과 효율성을 향상시키는 포괄적인 지능형 파트너 역할을 수행한다. 이메일을 쓸 때 문법을 교정해주고, 회의록을 자동으로 요약하며, 다음 분기 판매량을 예측하는 모든 과정에 AI가 녹아 들어 있다.

데이터 중심 의사결정(Data Drives Everything)

AI 네이티브 시스템은 미리 정해진 규칙이나 인간의 직관이 아니라, 방대한 실시간 데이터를 기반으로 의사결정을 내린다.

과거의 학습 내용과 현재 상황을 종합적으로 분석하여 최적의 결과를 도출함으로써, 단순한 작업 수행을 넘어 상황을 판단하고 결정하는 지능형 에이전트 역할을 수행한다. 인간의 편견이나 감정적 오류를 최소화하고, 데이터에 기반한 합리적 판단을 내릴 가능성을 높인다.

최적화된 지능 배치(Intelligence Lives Where It Works Best)

모든 연산을 클라우드에만 의존하지 않는다. AI 네이티브 시스템은 처리 능력을 가장 효율적인 곳에 전략적으로 배치한다. 즉각적인 응답이 필요하면 사용자의 기기(엣지, Edge)에서 데이터를 처리하고, 복잡하거나 대규모의 연산이 필요하면 클라우드를 활용하는 등 속도와 효율성 요구에 따라 유연하게 균형을 맞춘다. 이는 시스템의 반응성을 극대화하고 사용자 경험을 향상시키는 핵심 요소다.

1.2 인지적 전환: 도구 사용자를 넘어 파트너로

AI 네이티브가 된다는 것은 단순히 새로운 도구를 배우는 것을 넘어, 우리의 사고방식 자체를 근본적으로 바꾸는 '인지적 전환'을 요구한다. 우리는 수천 년간 도구를 '사용'하고 '통제'하는 데 익숙해져 왔다. 망치, 컴퓨터, 스마트폰 등 모든 도구는 인간의 명확한 지시에 따라 예측 가능한 결과를 내놓는 수동적인 존재였다. 인간이 주체이고 도구는 객체라는 명확한 위계가 있었다.

하지만 생성형 AI는 다르다. 이것은 지시를 따르는 도구라기보다는, 의도를 이해하고 스스로 추론하며 예기치 못한 결과물을 내놓는 '파트너'에 가깝다. 따라서 AI 네이티브의 사고방식은 '명령과 통제(Command and Control)'에서 '협업과 위임(Collaboration and Delegation)'으로 이동해야 한다.

이는 마치 유능한 신입사원과 함께 일하는 법을 배우는 것과 비슷하다. 처음에는 명확한 지침과 피드백을 통해 원하는 결과물을 얻도록 유도하고, 점차 신뢰가 쌓이면 더 큰 자율성을 부여하며 협력하는 법을 배워야 한다. AI에게 모호한 질문을 던지고 실망스러운 답변을 얻었다면, 그것은 AI의 실패가 아니라 명확한 의도를 전달하지 못한 '나의' 실패일 수 있다. 이러한 책임의 전환과 상호작용 방식의 변화를 받아들이는 것이 AI 네이티브로 가는 첫걸음이다.

이러한 인지적 전환은 AI 네이티브 세대의 네 가지 뚜렷한 행동 특성으로 나타난다.

첫째, AI에 대한 직관적 활용 능력이다. 이들은 별도의 학습 없이도 자연어로 질문하고 요구하며 AI와 상호작용하는 데 익숙하다. 복잡한 메뉴나 기능을 탐색하는 대신, 대화하듯 원하는 바를 이야기한다.

둘째, 학습과 업무에서의 AI 파트너십이다. 어려운 문제가 생기면 혼자 고민하기보다 AI를 조언자로 삼아 함께 해결책을 찾는 것을 당연하게 여긴다. 예컨대, 새로운 마케팅 아이디어가 필요할 때 AI 도구에 브레인스토밍을 요청하고 그 결과를 바탕으로 창의적인 전략을 도출한다.

셋째, 디지털 친화력과 빠른 적응력이다. 새로운 AI 서비스가 등장하면 두려움 없이 시도하고 자신의 업무 방식에 신속하게 통합한다. 이들에게 새로운 기술은 극복의 대상이 아니라 탐험의 대상이다.

넷째, AI에 대한 높은 신뢰와 기대이다. 이들은 AI를 단순한 소프트웨어가 아닌 조언자나 동료로 여기며, 신입 직원이 상사에게 묻기 전에 ChatGPT를 먼저 찾아보는 현상까지 나타나고 있다.

1.3 생성형 AI 혁명과 시대적 전환점

2022년 말 공개된 OpenAI의 ChatGPT가 촉발한 생성형 AI 혁명은 AI 네이티브라는 개념을 더 이상 미래의 담론이 아닌, 현재의 시급한 과제로 만들었다. 단 몇 달 만에 수억 명이 이 새로운 AI와 상호작용하면서, AI에 대한 인식과 활용이 대중화되는 역사적 전환점이 마련되었다.

ChatGPT는 출시 5일 만에 100만 사용자, 두 달 만에 월간 활성 사용자 1억 명을 돌파하며 역사상 가장 빠르게 성장한 애플리케이션으로 기록되었다.

틱톡(TikTok)이 같은 사용자 규모에 도달하는 데 약 9개월, 인스타그램이 2년 반이 걸렸다는 점을 감안하면 ChatGPT의 확산 속도는 전례 없는 수준이다.

대중이 직접 강력한 AI와 상호작용하며 그 잠재력을 체감하게 된 이 'ChatGPT 모멘트'는 기술과의 관계를 근본적으로 바꾸는 촉매제가 되었다. 과거 우리가 디지털 콘텐츠를 소비하고 공유하는 데 그쳤다면, 이제는 지능형 시스템과 함께 새로운 가치를 '공동 창작(co-creating)'하는 시대로 접어든 것이다.

이러한 변화는 비즈니스 현장에서 즉각적인 충격으로 나타났다. 개발자 커뮤니티인 '스택 오버플로우(Stack Overflow)'의 트래픽 감소가 대표적인 사례다.

많은 프로그래머들이 궁금한 점을 스택 오버플로우에 질문하는 대신 ChatGPT에게 직접 물으면서, 해당 사이트의 질의응답 게시물 수가 눈에 띄게 줄었다.

생성형 AI가 정보를 직접 만들어주면서, 기존에 정보를 중개하거나 공유하던 플랫폼들의 입지가 흔들리는 현상이 곳곳에서 나타나고 있다.

기업 전략도 빠르게 변하고 있다. 글로벌 컨설팅 기업 PwC는 2023년 4월, 3년간 10억 달러(약 1조 3천억 원)를 투자하여 전 직원 7만 5천 명의 AI 활용 역량을 강화하고 맞춤형 AI 솔루션을 개발하겠다고 발표했다.

맥킨지(McKinsey)의 분석에 따르면, 응답 기업의 33%가 이미 하나 이상의 업무 기능에 생성형 AI를 정기적으로 사용 중이며, 75%는 향후 3년 내 자사 산업의 경쟁 구도를 크게 바꿀 요인으로 생성형 AI를 꼽았다.

이처럼 경영진의 높은 기대와 투자 의지는 앞으로 더 많은 비즈니스 혁신 사례가 나타날 것을 예고한다.

1.4 디지털 네이티브 vs. AI 네이티브 비교

AI 네이티브의 등장은 21세기 초반을 풍미했던 '디지털 네이티브'와의 비교를 통해 더욱 선명하게 이해할 수 있다. 두 세대의 가장 큰 차이는 기술을 대하는 방식과 문제 해결 접근법에 있다. 디지털 네이티브가 새로운 디지털 기기를 설명서나 유튜브 영상을 통해 '학습'해야 했다면, AI 네이티브는 모르는 것이 있을 때 AI에게 직접 '질문'하고 실시간으로 도움을 받는다.

가구 조립이라는 과제를 예로 들어보자. 디지털 네이티브는 제품 상자에서 종이 설명서를 찾거나, 인터넷에서 조립 동영상을 검색할 것이다. 반면 AI 네이티브는 스마트폰을 꺼내 AI 도우미에게 "이 가구 어떻게 조립해?"라고 묻는다. 그러면 AI는 증강현실(AR) 기술로 조립 순서를 눈앞에 보여주거나, 단계별 음성 안내를 제공할 수 있다. 결국 디지털 네이티브가 정보를 '찾는' 데 시간을 쓴다면, AI 네이티브는 AI의 도움을 받아 문제를 '해결'하는 데 집중한다.

이러한 차이는 업무 문화에도 큰 영향을 미친다. 디지털 네이티브가 원격근무와 디지털 소통 문화를 확산시켰다면, AI 네이티브는 '사람+AI' 협업을 새로운 표준으로 만들고 있다. 문서 초안 작성이나 데이터 1차 분석 같은 반복적인 작업은 AI에게 맡기고, 인간은 더 창의적이고 전략적인 일에 집중하는 업무 분업이 빠르게 확산되고 있다.

하지만 가치관의 충돌이라는 새로운 과제도 등장했다. 인터넷 시대를 거치며 개인정보 보호의 중요성을 학습한 디지털 네이티브와 달리, AI 네이티브는 데이터 제공의 편리함에 익숙해 프라이버시 문제에 비교적 관대할 수 있다. 실제로 2023년 삼성전자에서 일부 직원이 업무 기밀을 ChatGPT에 질문하다 데이터가 유출된 사건은, AI 시대에 맞는 새로운 보안 및 윤리 교육의 필요성을 명확히 보여준다.

다음 표는 두 세대의 핵심적인 차이를 명확하게 보여준다.

이 표가 보여주듯, 디지털 네이티브에서 AI 네이티브로의 전환은 단순히 더 새로운 기술을 사용하는 점진적 변화가 아니다. 이는 기술을 인식하고 활용하는 방식 자체의 패러다임을 바꾸는 범주적 도약이다. 디지털 네이티브가 지도(인터넷)를 보고 길을 찾는 법을 배웠다면, AI 네이티브는 목적지를 말하면 스스로 운전하는 자율주행차에 올라타는 것과 같다. 중요한 것은 더 이상 운전 기술이 아니라, 어디로 가야 할지를 결정하는 능력이다.

[표 1-1] 디지털 네이티브 vs. AI 네이티브 비교

차원 (Dimension)	디지털 네이티브 (Digital Native)	AI 네이티브 (AI Native)
핵심 기술	인터넷, 모바일, 소셜 미디어	LLMs, 생성형 AI, 데이터 생태계
상호작용 모델	도구 사용, 콘텐츠 소비 및 공유	AI와 공동 창작, 프롬프팅, 인지 작업 위임
문제 해결 방식	정보 검색(답을 찾기)	솔루션 생성(창조를 요구하기)
데이터 철학	활동의 부산물로서의 데이터	지속적 학습과 피드백을 위한 핵심 자산
비즈니스 논리	프로세스를 자동화하는 소프트웨어	인지를 증강하고 자동화하는 AI

1.5 미래를 여는 AI 네이티브: 기회와 과제

AI 네이티브의 등장은 기업과 사회에 거대한 기회인 동시에 만만치 않은 과제를 던진다. 이들이 조직에 가져올 혁신은 분명하다. 정보 접근이 빠르고 AI와의 협업을 당연시하는 이들은 조직의 의사결정 구조를 더 수평적이고 데이터 기반으로 바꿀 것이다. 과거 상사의 경험에 의존하던 문화에서 벗어나, 신입사원이라도 AI 분석 결과를 근거로 의견을 제시하는 시대가 열리고 있다.

하지만 프라이버시와 윤리 의식은 새로운 도전 과제다. 데이터의 편리함에 익숙한 이들은 개인정보 보호나 AI의 편향성 문제에 상대적으로 둔감할 수 있다. 2023년 삼성전자에서 일부 직원이 업무 기밀을 ChatGPT에 질문하다 데이터가 유출된 사건은 기업이 명확한 AI 활용 가이드라인과 통제 방안을 마련해야 함을 시사한다.

궁극적으로 AI 네이티브 시대는 기술과 인간의 관계를 재정의한다. AI가 코딩과 같은 전문 분야까지 넘보면서 일부 직업은 대체될 수 있지만, AI를 관리하고 감사(Audit)하며 전략적으로 활용하는 인간의 역할은 더욱 중요해질 것이다. 교육 역시 지식 암기에서 벗어나 질문 능력, 비판적 사고, 창의력 등 인간 고유의 역량을 키우는 방향으로 전환되어야 한다.

AI 네이티브 세대는 이러한 변화의 중심에서 미래를 주도할 것이다. 이들의 잠재력을 극대화하고, 나머지 구성원들이 AI 활용 능력을 갖추도록 지원하는 것은 이 시대의 리더들에게 주어진 가장 중요한 과제다. 이는 기술적 도전을 넘어 문화적, 교육적, 그리고 본질적으로 인간적인 과제를 해결하는 것을 의미한다.

AI 네이티브 시대의 서막이 올랐다. 이에 대비하는 기업과 개인만이 다가오는 미래의 혁신을 주도하고 그 결실을 볼 수 있을 것이다.

컴퓨터가 처음 세상에 등장했을 때, 인류는 기계와 소통하기 위해 새로운 언어를 배워야 했다. 0과 1의 조합부터 시작해 포트란(FORTRAN), 코볼(COBOL), C언어를 거쳐 파이썬(Python)과 자바(Java)에 이르기까지, 소프트웨어 개발의 역사는 인간이 기계의 언어에 맞춰 생각하고 명령을 내리는 과정이었다. 프로그래머는 마치 정교한 설계도를 그리는 건축가처럼, 논리의 벽돌을 하나하나 쌓아 올려 거대한 시스템을 구축했다. 이 과정은 고도의 전문성과 지난한 노력을 요구하는, 소수 엘리트의 영역으로 여겨졌다.

그러나 지금 우리는 인류 역사상 가장 극적인 패러다임의 전환을 목격하고 있다. 기계가 인간의 언어를 이해하기 시작한 것이다. 더 이상 복잡한 구문과 씨름하지 않아도, 우리가 일상에서 사용하는 말과 글로 소프트웨어를 만들고 세상을 움직일 수 있는 시대, 바로 'Software 3.0'의 시대가 열렸다.

2장
소프트웨어 3.0과 AI 네이티브의 연결

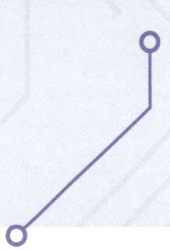

이 거대한 변화의 중심에는 전 테슬라 AI 디렉터이자 OpenAI의 핵심 멤버인 안드레이 카파시(Andrej Karpathy)가 있다. 그는 소프트웨어 개발의 진화 과정을 세 단계로 나누어 설명하며, 우리가 맞이할 미래의 청사진을 명확하게 제시했다.

이 장에서는 카파시의 통찰을 바탕으로 Software 1.0, 2.0, 3.0의 개념을 깊이 있게 탐구하고, 이것이 어떻게 'AI 네이티브'라는 새로운 조직과 개인의 탄생으로 이어지는지를 살펴본다.

이는 단순히 기술의 발전에 대한 이야기가 아니다. 일하는 방식, 창조의 본질, 그리고 인간의 역할이 근본적으로 재정의되는 혁명에 관한 이야기이다. 이제 코드가 사라진 자리에 무엇이 남고, 우리는 어떻게 새로운 시대의 '창조자'가 될 수 있을지, 그 여정을 함께 시작한다.

2.1 프로그래밍 패러다임의 진화: 명령에서 학습으로, 학습에서 대화로

소프트웨어를 만드는 방식은 시대의 기술적 토대와 그 시대가 해결하고자 하는 문제의 성격에 따라 끊임없이 진화해 왔다. 안드레이 카파시(Andrej Karpathy)는 이 거대한 흐름을 세 개의 막으로 구성된 드라마처럼 명쾌하게 구분한다.

1막: Software 1.0
- 인간이 모든 것을 지배하던 '명령의 시대'

Software 1.0은 우리가 '코딩'이라고 부르는 전통적인 프로그래밍의 세계다. 그레이스 호퍼, 데니스 리치와 같은 선구자들이 기계가 이해할 수 있는 절차와 규칙을 정의했고, 프로그래머들은 이 약속된 언어(C++, Java, Python 등)를 사용해 컴퓨터에 명시적인 지시를 내렸다.

핵심 철학: 명시적 지시(Explicit Instruction)

Software 1.0의 세계에서 컴퓨터는 지극히 수동적인 존재다. "만약(if) A라는 조건이 충족되면, B라는 작업을 수행하고, 그렇지 않으면(else) C를 하라"는 식의 모든 논리적 흐름과 예외 처리는 전적으로 프로그래머의 머릿속에서 나온다. 마치 요리사가 레시피의 모든 단계를 밀리그램 단위까지 정확하게 기록하듯, 프로그래머는 프로그램이 수행할 모든 행동을 한 줄 한 줄 코드로 명시해야 한다.

예시: 간단한 스팸 필터

Software 1.0 방식으로 스팸 메일 필터를 만든다고 상상해 보자. 프로그래머는 다음과 같은 규칙들을 직접 코드로 작성해야 한다.

- 만약 이메일 제목에 "광고", "대출", "당첨"과 같은 단어가 포함되어 있으면 스팸으로 분류하라.
- 만약 발신자 주소가 알려지지 않은 도메인이면 스팸 점수를 1점 추가하라.
- 만약 본문에 하이퍼링크가 10개 이상이면 스팸 점수를 2

점 추가하라.
- 총 스팸 점수가 5점을 넘으면 해당 이메일을 스팸함으로 이동시켜라.

이 방식은 규칙이 명확하고 변하지 않는 작업에서는 매우 효과적이다. 하지만 신종 스팸 메일처럼 패턴이 계속 바뀌고, 예외가 너무 많아 모든 규칙을 인간이 직접 만들기 어려운 문제 앞에서는 한계를 드러낸다.

2막: Software 2.0
- 데이터가 코드를 쓰는 '학습의 시대'

2010년대를 전후하여 두 가지 거대한 변화가 일어났다. 첫째, 인터넷의 폭발적인 성장으로 이전과는 비교할 수 없는 방대한 양의 데이터가 생성되었다. 둘째, GPU(그래픽 처리 장치)의 발전으로 대규모 병렬 연산이 가능해졌다. 이 두 가지가 만나 '딥러닝'이라는 혁명을 일으켰고, Software 2.0의 시대를 열었다.

핵심 철학: 데이터로부터의 학습(Learning from Data)

Software 2.0에서 프로그래머의 역할은 '규칙 설계자'에서

'모델 훈련가'로 바뀐다. 수많은 예시 데이터(정답이 표시된 데이터 셋)를 신경망(Neural Network) 모델에 보여주고, 모델이 스스로 데이터에 숨겨진 패턴과 규칙을 학습하게 한다. 이는 마치 우리가 아이에게 수백 장의 고양이 사진을 보여주며 "이게 고양이야"라고 가르치면, 아이가 나중에 처음 보는 고양이도 알아볼 수 있게 되는 것과 같은 원리다.

신경망: 뇌를 모방한 소프트웨어

신경망은 인간의 뇌가 뉴런들의 연결을 통해 정보를 처리하는 방식에서 영감을 얻은 수학적 모델이다. 수많은 인공 뉴런들이 여러 층(layer)으로 연결되어 있으며, 각 연결은 고유한 가중치(weight)를 가진다. 모델을 '훈련'시킨다는 것은, 수많은 데이터 예시를 통해 정답을 가장 잘 맞힐 수 있는 최적의 가중치 조합을 찾아내는 과정이다.

예시: 테슬라 자율주행의 진화

테슬라의 자율주행 시스템 '오토파일럿'은 Software 2.0의 상징적인 사례다. 초기 오토파일럿은 차선 유지, 차량 간격 조절 등 많은 기능이 Software 1.0 방식의 C++ 코드로 구현되었다. 하지만 복잡한 도심 주행이나 예측 불가능한 돌발 상황에 대처하기 위해, 테슬라는 과감한 결정을 내린다. 전 세계 테슬라 차량이 주행하며 수집한 방대한 실제 주행 데이터를 신경망에 학습시켜, 인간 운전자의 판단을 모방하도록 한 것이다.

카파시의 표현을 빌리자면, 수십만 줄의 C++ 코드가 거대한 신경망 모델에 문자 그대로 '잡아 먹혔다'. 이제 시스템은 "앞차와의 거리가 30미터 이하면 속도를 줄여라"는 식의 명시적 규칙이 아니라, 수백만 건의 주행 데이터로부터 학습한 '감각'으로 운전한다. 이것이 바로 Software 2.0의 위력이다.

3막: Software 3.0
- 영어가 프로그래밍 언어가 되는 '대화의 시대'

그리고 지금, 우리는 세 번째 혁명의 한가운데에 서 있다. GPT-3, 클로드(Claude), 라마(LLaMA)와 같은 초거대 언어 모델(LLM)의 등장은 소프트웨어 개발의 본질을 다시 한번 바꾸고 있다.

핵심 철학: 자연어를 통한 기능 구현(Programming with Natural Language)

Software 3.0은 LLM에게 자연어(영어, 한국어 등)로 원하는 것을 지시(프롬프트, prompt)하면, LLM이 그 지시를 이해하고 스스로 코

[그림 2-1] Software 3.0 시대를 정의하는 안드레이 카파시의 선언

드를 생성하거나 원하는 작업을 직접 수행하는 방식이다. 카파시가 트위터에 남긴 유명한 말처럼, "가장 핫한 새로운 프로그래밍 언어는 영어다."

이제 '프롬프트'가 새로운 소스 코드가 되고, '자연어'가 새로운 프로그래밍 언어가 되었다. "이 고객 리뷰가 긍정적인지 부정적인지 판단해 줘"라는 문장 자체가 하나의 감성 분석 프로그램이 되는 것이다.

"바이브 코딩(Vibe Coding)": 느낌으로 만드는 앱

이러한 변화는 '바이브 코딩'이라는 새로운 개념을 낳았다. 코딩 문법을 전혀 모르는 사람이라도 자신이 만들고 싶은 기능의 '느낌(vibe)'과 의도를 명확하게 설명할 수 있다면, 간단한 애플리케이션을 만들 수 있는 시대가 열린 것이다.

예를 들어, 한 레스토랑 주인이 "우리 가게 메뉴와 고객 리뷰 데이터를 주고, 사람들이 어떤 메뉴를 함께 주문하는지 분석해서 오늘의 추천 세트 메뉴를 제안하는 간단한 웹페이지를 만들어줘"라고 프롬프트를 입력하면, LLM이 HTML, CSS, Javascript 코드를 순식간에 생성해 준다. 이는 아이디어를 가진 사람이 기술적 장벽 없이 직접 창조자가 될 수 있음을 의미한다.

패러다임의 전환 요약

지난 70년간의 프로그래밍 패러다임 변화는 '인간 중심의 명시적 명령'에서 '데이터 중심의 자율적 학습'으로, 그리고 마침내 '인간과 AI의 협력적 대화'로 진화하는 과정이었다.

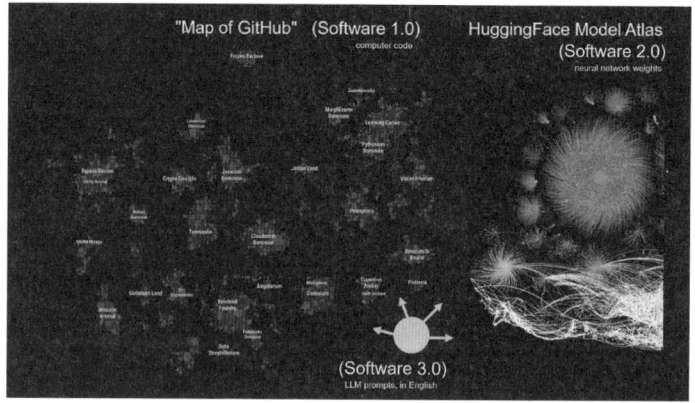

[그림 2-2] Software 1.0의 코드 덩어리에서 Software 2.0의 신경망을 거쳐, Software 3.0의 자연어 프롬프트로 진화하는 모습(출처: Andrej Karpathy)

[표 2-1] Software 패러다임 비교 분석

항목	Software 1.0 (명령의 시대)	Software 2.0 (학습의 시대)	Software 3.0 (대화의 시대)
주체	인간 중심(프로그래머)	데이터 중심(신경망)	AI 중심(LLM)
규칙 정의	인간이 직접 명시	모델이 데이터에서 추론	AI가 프롬프트에서 추론
인프라	단일 시스템, 서버	클라우드, GPU 클러스터	API + 초거대 모델 + 엣지
주된 언어	C++, 자바(Java), 파이썬(Python)	Python, 텐서플로(TensorFlow), 파이토치(PyTorch)	영어, 한국어(자연어)
개발자 역할	알고리즘 설계자	모델 훈련가, 데이터 과학자	프롬프트 엔지니어, AI 협업 디자이너

2.2 LLM: 새로운 시대의 범용 운영체제(OS)

안드레이 카파시는 LLM을 단순한 프로그램이 아니라, 새로운 시대의 컴퓨터 그 자체, 혹은 새로운 운영체제(OS)에 비유한다. 이 비유는 Software 3.0 시대의 기술 스택과 작동 방식을 이해하는 데 매우 중요한 통찰을 제공한다. 1960년대 컴퓨터는 IBM과 같은 소수의 거대 기업이 독점하는 수백만 달러짜리 '메인 프레임'이었다. 일반 사용자는 이 비싼 컴퓨터를 직접 소유할 수 없었고, '시분할 시스템(Time-sharing system)'을 통해 중앙 컴퓨터에 원격으로 접속해 자원을 나눠 쓰는 '씬 클라이언트(thin client)'에 불과했다.

오늘날의 LLM 환경은 놀라울 정도로 이와 유사하다.

중앙 집중화된 거대 모델

GPT-4, 클로드(Claude) 3와 같은 최첨단 LLM은 수십억 달러의 개발 비용과 데이터센터 규모의 컴퓨팅 자원을 필요로 한다. 이는 구글, 마이크로소프트, OpenAI, 앤트로픽(Anthropic)과 같은 소수의 빅테크 기업만이 구축하고 운영할 수 있는 '디지털 메인프레임'이다.

API를 통한 접속

우리는 이 거대한 AI의 지능을 API(Application Programming Interface)라는 통로를 통해 빌려 쓴다. 우리가 사용하는 수많은 AI 서비스들은 대부분 이 중앙화된 LLM에 네트워크로 접속하여 응답을 받아오는 '씬 클라이언트'인 셈이다.

LLM OS의 구성 요소

이 새로운 OS는 기존 컴퓨터 OS와 유사한 구성 요소를 가진다.

CPU(중앙처리장치) → LLM 자체

LLM은 언어를 이해하고, 추론하며, 새로운 텍스트를 생성하는 핵심적인 '연산'을 수행한다. 이는 컴퓨터의 두뇌 역할을 하는 CPU와 같다.

RAM(단기 기억장치) → 컨텍스트 창(Context Window)

'컨텍스트 창'은 우리가 한 번의 대화에서 LLM에 입력할 수 있는 텍스트의 총량이다. LLM은 이 컨텍스트 창 안에 있는 정보만을 '기억'하고 대화를 이어 나간다. 이는 컴퓨터가 현재 작업에 필요한 데이터를 잠시 저장하는 RAM과 매우 유사하다. 컨텍스트 창이 클수록 LLM은 더 길고 복잡한 대화나 문서를 기억하고 처리할 수 있다. 최근 100만 토큰(token) 이상의 컨텍스트 창을 가진 모델이 등장하면서, 책 한 권 분량을 통째로 기억하고 대화하는 것이 가능해졌다.

하드 드라이브(장기 기억장치) → 벡터 데이터베이스(Vector DB) & RAG

LLM은 훈련 데이터에 없는 최신 정보나 특정 기업의 내부 문서는 알지 못한다. 이 한계를 극복하기 위해 등장한 기술이 바로 RAG(Retrieval-Augmented Generation, 검색 증강 생성)이다. RAG는 사용자의 질문과 관련된 정보를 외부 데이터 소스(예: 기업 내부 문서, 웹 검색 결과)에서 검색한 뒤, 그 정보를 LLM의 컨텍스트 창에 함께 넣어주어 더 정확하고 근거 있는 답변을 생성하게 하는 기술이다. 이때 외부 데이터를 빠르고 효율적으로 검색할 수 있도록 저장하는 장기 기억장치 역할을 하는 것이 바로 '벡터 데이터베이스'이다.

Software 3.0 애플리케이션의 실제 사례

이 새로운 'LLM OS' 위에서 다양한 애플리케이션들이 탄생하며 산업 지형을 바꾸고 있다.

AI 기반 개발 도구: 개발자의 생산성을 10배로

- 깃허브 코파일럿(GitHub Copilot): 단순한 코드 자동 완성을 넘어, 개발자의 의도와 프로젝트 전체의 맥락을 파악해 함수 전체, 테스트 코드, 심지어 문서까지 생성해 준다. 많은 개발자들이 Copilot 없이는 코딩하기 힘든 시대가 되었다고 말할 정도로, 개발 생산성을 극적으로 향상시키고 있다.

생산성 및 협업 도구: 모든 직장인의 AI 비서

- 노션(Notion) AI & 마이크로소프트 365 Copilot: 회의록을 실시간으로 요약하고, 이메일 초안을 작성하며, 복잡한 엑셀 데이터를 분석해 보고서를 만드는 등, 모든 지식 노동

자의 반복적인 업무를 자동화하고 창의적인 작업에 집중할 수 있도록 돕는다.

산업별 도입 사례: 산업의 경계를 허무는 혁신

- 의료(Google Health, Tempus): 수백만 건의 의료 영상과 논문 데이터를 학습한 AI가 의사의 진단을 돕고, 환자의 유전체 데이터를 분석해 최적의 항암 치료법을 추천한다. 서울대병원에서 개발한 '한국형 의료 LLM'은 실제 의사의 평균 정확도를 뛰어넘는 성과를 보여주기도 했다.
- 금융(BloombergGPT, JP Morgan): 방대한 금융 뉴스, 기업 공시, 시장 데이터를 분석하여 투자 기회를 포착하고 리스크를 관리한다. 복잡한 금융 규제 문서를 분석하여 규정 준수 여부를 확인하는 데에도 활용된다.

2.3 넘어야 할 산: 소프트웨어 3.0의 한계와 미래

장밋빛 전망에도 불구하고, 현재의 LLM 기반 Software 3.0은 아직 해결해야 할 명백한 한계들을 가지고 있다.

가장 큰 골칫거리, '환각(Hallucination)'

LLM의 가장 치명적인 약점은 사실이 아닌 정보를 마치 사실인 것처럼 그럴듯하게 지어내는 '환각' 현상이다. 이는 LLM이 지식을 저장하는 데이터베이스가 아니라, 주어진 텍스트 다음에 이어질 가장 확률이 높은 단어를 예측하는 '확률적 앵무새'에 가깝기 때문에 발생하는 문제다.

예를 들어, 한 변호사가 판례 검색을 위해 LLM을 사용했다가, 모델이 실존하지 않는 가짜 판례를 여러 개 생성하여 법원에 제출하는 바람에 징계를 받은 실제 사건도 있었다. 이처럼 높은 신뢰성이 요구되는 분야에서 환각 현상은 심각한 문제를 야기할 수 있다.

통제 불가능한 '블랙박스'

LLM이 어떻게 그런 결론에 도달했는지 그 내부적인 판단 과정을 인간이 완벽하게 이해하고 통제하기는 매우 어렵다. 이를 '블랙박스 문제'라고 한다. 자율주행차가 갑자기 이상 행동을 하거나, AI 대출 심사 모델이 특정 집단에 불리한 결정을 내렸을 때, 그 원인을 정확히 설명할 수 없다면 우리는 그 시스템을 신뢰할 수 없을 것이다.

한계를 극복하려는 노력과 미래

이러한 한계를 극복하기 위해 연구자들은 다양한 노력을 기울이고 있으며, 이를 통해 LLM은 더욱 안정적이고 유능한 운영체제로 진화하고 있다.

더 정교한 프롬프팅 기술

- 생각의 사슬(Chain of Thought, CoT): 복잡한 문제에 대해 LLM

이 정답만 말하게 하는 대신, 문제를 해결하는 단계별 추론 과정을 스스로 생각하고 설명하게 하여 정확도를 높이는 기술이다.

- ReAct(Reason + Act): LLM이 추론(Reason)과 행동(Act)을 결합하게 하는 프레임워크다. 예를 들어, "오늘 파리 날씨는?"이라는 질문에 대해, LLM은 '날씨를 검색해야겠다'(추론)고 생각한 뒤, 실제로 웹 검색 도구를 사용해(행동) 얻은 정보를 바탕으로 답변한다.

스스로 도구를 사용하는 'AI 에이전트'의 부상

미래의 LLM은 단순히 텍스트만 생성하는 것을 넘어, 다양한 외부 도구(웹 검색, 코드 실행, 계산기, 다른 앱의 API 등)를 스스로 활용하여 자신의 한계를 보완하는 'AI 에이전트(Agent)'로 발전하고 있다.

사용자가 "내일 오전에 비가 오면, 오후 2시 회의를 온라인으로 전환하고 참석자들에게 이메일로 공지해 줘"라고 지시하면, AI 에이전트가 날씨 앱, 캘린더 앱, 이메일 앱을 스스로 조작하여 과업을 완수하는 식이다. 이는 AI가 인간의 지시를 수행하는 '비서'를 넘어, 자율적으로 목표를 달성하는 '대리인'이 되는 것을 의미한다.

2.4 AI와 협업하는 미래: 대체가 아닌 '증강'을 선택하라

Software 3.0 시대의 도래가 곧 인간의 일자리가 사라지는 디스토피아를 의미하는 것은 아니다. 안드레이 카파시를 비롯한 많은 전문가들은 AI가 인간을 대체하는 것이 아니라, 인간의 능력을 상상 이상으로 증강시키는 강력한 파트너가 될 것이라고 강조한다.

'아이언맨 슈트'를 입은 전문가

카파시는 AI를 '아이언맨 슈트(Iron Man suit)'에 비유한다. 아이언맨 슈트는 토니 스타크를 대체하는 로봇이 아니라, 그의 천재적인 두뇌와 결합하여 그를 슈퍼히어로로 만들어주는 도구다. 마찬가지로, AI는 변호사, 의사, 과학자, 예술가의 전문성과 결

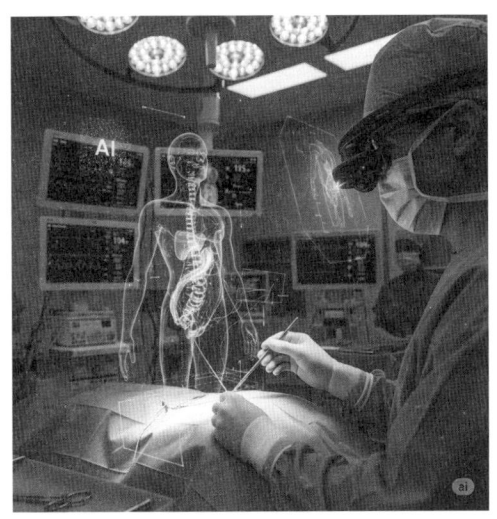

[그림 2-3] '생성-검증' 루프: 새로운 업무 방식의 표준

합하여 그들의 지능과 생산성을 폭발적으로 증강시키는 '지능의 외골격(cognitive exoskeleton)' 역할을 할 것이다.

미래의 지식 노동은 '생성-검증(Generation-Verification)' 루프를 중심으로 재편될 것이다.

생성(Generation)

AI가 인간의 지시(프롬프트)에 따라 계약서 초안, 분석 보고서, 디자인 시안, 코드의 첫 버전을 순식간에 '생성'한다.

검증(Verification)

인간 전문가는 자신의 깊은 지식, 경험, 비판적 사고를 바탕으로 AI가 생성한 결과물을 신속하게 '검증'하고, 수정하며, 최종 결정을 내린다.

이 협업 모델에서 인간은 지루하고 반복적인 '0에서 1을 만드는' 작업에서 해방되어, 더 창의적이고 전략적인 '1을 100으로 만드는' 가치 판단과 의사결정에 집중할 수 있다. 마이크로소프트의 연구에 따르면, 글로벌 리더의 82%가 향후 1~2년 안에 AI와 같은 디지털 노동력을 통해 자신의 업무 역량을 확대할 수 있을 것으로 기대하고 있다.

'기술의 역설'과 전문가의 재탄생

AI의 보급은 '기술의 역설(paradox of skill)' 현상을 심화시킬 것이다. AI는 간단하고 평범한 수준의 작업을 수행하는 문턱은 극적으로 낮추지만, 동시에 해당 분야에서 최고의 가치를 창출하는 전문가의 기준은 상상 이상으로 끌어올린다.

평범함의 가치 하락

누구나 AI를 이용해 그럴듯한 블로그 글이나 보고서를 쓸 수 있게 되면서, '평범한' 수준의 글쓰기 능력만 가진 작가나 컨설턴트의 가치는 하락할 수 있다.

탁월함의 가치 증폭

하지만 최고의 통찰력과 창의력을 가진 작가가 AI를 활용해 자료 조사를 자동화하고, 다양한 버전의 초고를 실험하며 자신의 아이디어를 증폭시킨다면, 그의 생산성과 영향력은 이전과 비교할 수 없이 커질 것이다.

결국 AI 시대에 가장 가치 있는 인재는 AI에 의해 대체되는 사람이 아니라, AI라는 강력한 아이언맨 슈트를 자유자재로 다루며 자신의 전문성을 극대화하는 'AI 증강 장인(AI-augmented artisan)'이 될 것이다.

미래의 조직: '왜'라는 질문에 답하다

이러한 변화는 개인의 역할을 넘어 조직의 구조와 리더십까지 근본적으로 바꾸어 놓을 것이다. 기획자는 프롬프트 설계자로, 마케터는 AI 기반 실시간 캠페인 조정자로, 개발자는 모델 튜너 및 검증 전문가로 역할이 재정의될 것이다.

더 중요한 것은, AI는 "이 일을 왜 해야 하는가?"라고 묻지 않는다는 점이다. AI는 주어진 목표를 효율적으로 달성하는 데에는 뛰어나지만, 그 목표 자체의 타당성이나 윤리적 의미를 고민하지는 않는다.

따라서 미래 조직의 성공은 '어떻게(How)' 할 것인가가 아니라, "우리는 왜(Why) 존재하는가?"라는 조직의 근본적인 목적과 가치에 대한 리더의 명확한 철학에 달려있게 될 것이다.

친환경 아웃도어 브랜드 파타고니아가 "우리는 지구를 되살리기 위해 사업을 한다"는 명확한 목적 아래, AI를 신제품 개발이 아닌 기존 제품의 수명 예측과 수리 가능성 분석에 우선적으로 활용하는 것이 그 좋은 예다.

Software 3.0은 단순히 프로그래밍 기술의 진화가 아니다. 그것은 인간과 기계가 '함께' 문제를 정의하고, 해결하며, 새로운 가치를 창조하는 새로운 지식 생태계의 시작을 알리는 신호탄이다.

이 새로운 패러다임을 기술의 언어가 아닌, '미래를 설계하는 방식의 언어'로 이해하고 받아들이는 조직과 개인만이 다가오는 AI 네이티브 시대의 진정한 주역이 될 것이다. AI라는 강력한 도구를 손에 쥔 우리는 이제 인류가 한 번도 가보지 못했던 창의성과 혁신의 영역으로 나아갈 준비를 마쳤다.

PART 2
AI 네이티브 기업의 탄생과 성장

앞장에서 논했듯이, 인공지능(AI) 기술은 이제 단순한 도구나 부가적인 요소를 넘어, 기업의 생존과 성장을 위한 핵심 인프라로 확고히 자리 잡았다. 과거의 디지털 전환이 정보 접근성을 높이고 업무 효율성을 개선하는 데 초점을 맞췄다면, 오늘날 AI가 이끄는 변화는 훨씬 더 근본적인 차원에서 발생하고 있다.

기업은 더 이상 기술을 단순히 비즈니스를 지원하는 수단으로 활용하는 데 그치지 않는다. AI는 기업의 전략, 운영 방식, 조직 문화, 그리고 고객과의 관계 형성 방식까지 모든 것을 완전히 재구성하고 있다. 이는 마치 새로운 생명체가 기존 생태계에 등장하여 판도를 바꾸는 것과 같은 혁명적인 변화라고 할 수 있다.

이러한 변화의 중심에는 AI를 단지 활용하는 차원을 넘어, 그 자체로 조직의 존재 양식을 구성하는 'AI 네이티브 기업'이 있다. 이들은 태생적으로 AI를 기반으로 설계되었으며, AI 없이는 본질적인 기능 수행 자체가 불가능하다.

이번 장에서는 AI 네이티브 기업이 무엇인지에 대한 본질적인 정의부터 시작하여, 이들이 기존 기업들과 어떻게 차별화되는지, 그리고 성공적인 AI 네이티브 기업이 공통적으로 갖는 특성들을 심층적으로 분석할 것이다. AI 중심의 비즈니스 모델 전환이 가져오는 패러다임의 변화와 그에 따른 전략적 함의를 다루며, 실제 사례를 통해 이론적 개념을 구체화하여 독자들의 이해를 도울 것이다.

이 장의 분석은 다음 세 가지 핵심 축을 중심으로 전개된다.

3장
AI 네이티브 기업의 조건과 특징

1. AI 중심의 비즈니스 모델 전환

기존의 선형적 가치 창출 모델에서 벗어나 AI를 중심으로 하는 순환형 비즈니스 모델로의 전환 과정을 탐구한다. 이는 단순히 기술을 추가하는 것이 아니라, 기업의 가치 사슬 전체를 AI에 맞춰 재설계하는 것을 의미하며, 이 과정에서 어떤 새로운 가치와 기회가 창출되는지 조명한다.

2. 전통 기업과 AI 네이티브 기업의 본질적 차이

두 유형의 기업 간에 나타나는 구조적, 문화적, 전략적, 운영적 차이점을 비교 분석한다. 이 차이는 단순한 기술 격차를 넘어선 근본적인 사고방식의 차이를 보여주며, 전통 기업이 AI 시대를 맞아 직면하는 도전과제들을 명확히 제시한다.

3. AI 네이티브 기업의 5대 공통 특성

다양한 산업과 국가에서 성공을 거둔 AI 네이티브 기업들이 공통적으로 공유하는 다섯 가지 핵심 특성을 제시한다. 이 특성들은 AI 네이티브 기업이 시장에서 독보적인 경쟁 우위를 확보하는 기반이 되며, 미래 기업이 지향해야 할 방향을 제시한다.

궁극적으로 이 분석을 통해, AI 네이티브가 단순한 기술적 트렌드가 아니라 기업의 미래를 결정짓는 새로운 '존재 방식'임을 조명하고자 한다. 이는 기업이 생존하고 번영하기 위해 반드시 이해하고 내재화해야 할 새로운 패러다임이며, 선택이 아닌 필수가 된 시대적 요구이다.

3.1 AI 네이티브 기업의 정의와 비즈니스 모델 전환

AI 네이티브 기업으로의 전환은 단순히 새로운 기술을 도입하는 것을 넘어, 기업의 정체성과 가치 창출 방식을 근본적으로 재편하는 과정이다. 이 섹션에서는 AI 네이티브의 본질적 의미를 정의하고, AI 중심의 비즈니스 모델로 전환하는 과정의 핵심 단계를 구체적으로 살펴본다.

AI 네이티브 기업은 인공지능 기술을 단순히 도입하는 수준을 넘어, 기업의 모든 운영 방식과 전략적 의사결정의 중심에 AI를 내재화한 조직을 의미한다.

이는 디지털 환경에서 자연스럽게 성장한 '디지털 네이티브' 세대처럼, AI가 기업의 DNA에 깊이 새겨진 상태를 지칭한다. 즉, AI 네이티브는 시스템과 기업이 처음부터 AI를 핵심에 두고 근본적으로 설계되었음을 의미하며, AI는 운영 및 서비스의 핵심 구성 요소로서 전반적으로 활용된다. 이는 AI가 선택 사항이 아니라, 기업의 존재를 가능하게 하는 필수적인 기반임을 뜻한다. 이러한 기업들은 AI 없이는 핵심 비즈니스 프로세스 자체가 작동하지 않거나, 현재와 같은 수준의 가치를 제공할 수 없다.

AI 네이티브 기업은 단순히 기존 비즈니스에 AI를 적용하여 비용을 절감하거나 효율성을 높이는 데 그치지 않는다. 이들은 AI를 활용하여 이전에는 불가능했던 완전히 새로운 제품 카테고리와 수익 모델을 창출한다.

이들의 가장 큰 경쟁 우위는 과거의 유산, 즉 낡은 시스템과 조직 구조라는 '짐'이 없다는 데서 비롯된다. 레거시 제약이 없기 때문에 처음부터 AI에 최적화된 인프라와 비즈니스 모델을 구축할 수 있으며, 이는 곧 속도와 민첩성으로 이어진다. 전통적인 소프트웨어 기업이 성장을 위해 더 많은 엔지니어와 지원 인력을 고용해야 했던 반면, AI 네이티브 기업은 더 많은 학습 데이터와 더 빠른 피드백 루프, 그리고 더 정교한 자동화를 통해 성장한다.

이는 단순히 웹사이트에 챗봇을 추가하는 것과는 근본적으로 다른 차원의 이야기다. 생각하고, 구축하고, 조직하는 방식 자체가 AI를 중심으로 재편되어야 한다. 이러한 접근 방식은 기업의 모든 측면에서 AI를 최우선으로 고려하는 'AI 퍼스트(AI-

First)' 사고방식에서 시작된다.

이러한 기업들은 AI를 단순한 도구로 사용하는 것이 아니라, 비즈니스 모델과 전략의 중심에 두어 고객 경험을 개선하고 운영 효율성을 극대화한다. 전통적인 기업이 AI를 도구로 활용하는 반면, AI-first 기업은 AI를 기반(foundation)으로 삼는다.

더 나아가 AI 네이티브 기업은 인공지능 없이는 기능 자체가 불가능한 본질적인 특성을 지닌다. 만약 AI를 시스템에서 제거하면 전체 시스템이 작동을 멈추는 수준에 이른다. AI는 인간의 업무를 돕는 조력자를 넘어, AI 자체가 핵심 업무를 직접 수행하며, 인간은 AI가 수행하기 어려운 고차원적인 문제 해결이나 창의적 활동에 집중한다. 이는 과거에는 상상하기 어려웠던 인간과 기계의 새로운 협업 모델을 제시한다.

가치 창출 패러다임의 전환: 도구에서 결과로

AI 네이티브 기업의 가장 중요한 특징은 "도구를 판매하는 것이 아니라 '결과'를 판매한다"는 점이다. 전통적인 소프트웨어 기업이 사용자가 직접 조작하여 목표를 달성하는 '도구'를 판매했다면, AI 네이티브 기업은 AI가 고객을 위해 실제 작업을 직접 수행하여 얻어지는 '결과물' 자체를 제공한다. 이는 고객이 복잡한 도구를 학습하고 사용하는 수고를 덜고, 즉각적인 가치를 경험하게 하는 혁신적인 접근 방식이다. 고객은 더 이상 특정 기능을 구매하는 것이 아니라, AI가 제공하는 궁극적인 가치, 즉 '문제 해결' 그 자체를 구매한다.

사례

재스퍼(Jasper), 일레븐랩스(ElevenLabs), 미드저니(Midjourney)와 같은 기업들은 AI를 통해 완전히 새로운 제품 카테고리를 혁신하고 창출하는 대표적인 사례이다. 이들은 단순한 이미지 편집 도구나 음성 변환 소프트웨어를 제공하는 것이 아니라, AI가 직접 텍스트 콘텐츠, 음성 콘텐츠, 이미지 콘텐츠를 생성하고 변환하여 사용자가 원하는 '결과물'을 바로 제공한다. 이는 창작 과정 자체를 AI가 수행함으로써 인간의 시간과 노력을 획기적으로 절감한다.

퍼플렉시티(Perplexity)는 인간 연구원 없이 AI가 각 사용자의 질문에 대한 고유한 답변을 생성하여 수백만 명에게 서비스를 제공한다. 사용자는 검색 엔진처럼 정보를 찾는 도구를 사용하는 것이 아니라, AI가 직접 제공하는 맞춤형 '답변'이라는 결과를 얻는다. 이는 정보 탐색의 패러다임을 근본적으로 바꾸는 사례다.

미드저니(Midjourney)는 전문가 수준의 시각 콘텐츠를 누구나 접근 가능하게 만들어 연간 2억 달러 이상의 수익을 창출한다. 이는 디자이너나 아티스트가 사용하는 복잡한 디자인 소프트웨어와 달리, 사용자가 텍스트 프롬프트만으로 원하는 이미지를 '생성'이라는 결과로 얻는 것이다. 예술과 창작의 장벽을 허물고 새로운 경제적 가치를 창출하고 있다.

이러한 접근 방식은 고객 관계와 수익 모델을 근본적으로 변화시킨다. 고객은 문제 해결을 위한 '수단'이 아니라, AI가 직접 제공하는 '문제 해결 자체'에 비용을 지불하게 된다. 이는 고객이 인지하는 가치를 극대화하고, **가치 기반 가격 책정**(Value-based pricing)과 같은 새로운 수익 모델을 가능하게 한다.

예를 들어, AI가 특정 문제를 해결해 주면 그 문제 해결로 얻는 가치에 비례하여 요금을 부과하는 식이다. 또한 제품 개발의 초점도 기능 추가에서 직접적인 결과물 제공으로 전환되며, AI가 고객의 워크플로우나 최종 결과물에 필수적인 부분이 되면서 고객 관계는 더욱 공고해진다. 고객은 AI 없이는 자신의 업무나 목표 달성이 어렵다고 느끼게 되는 것이다.

결론적으로, AI 네이티브 기업의 정의에서 AI가 단순히 도구가 아닌 운영의 '핵심' 또는 '기반'이라는 점이 일관되게 강조된다. 이는 AI가 이들 기업의 존재 이유와 가치 제안에 있어 필수

불가결한 요소임을 시사하며, AI 역량 자체가 이들의 핵심 경쟁 우위가 된다. AI는 더 이상 보조적인 역할이 아니라, 기업의 모든 활동을 주도하는 주체로 기능한다.

비즈니스 모델 전환 과정: 주요 단계 및 고려사항

AI 중심의 비즈니스 모델로 전환하기 위해서는 단순한 기술 도입을 넘어선 전사적이고 구조적인 변화가 필요하다. 이 과정은 크게 세 가지 핵심 단계를 포함한다: AI-first 아키텍처 구축, 데이터 기반의 운영 체계 확립, 그리고 자동화된 의사결정 및 알고리즘 기반의 프로세스 설계이다.

이 단계들은 순차적으로 진행되기도 하지만, 유기적으로 상호작용하며 기업의 AI 네이티브화를 촉진한다.

이 세 가지 단계는 마치 건물을 짓는 기초 공사와 같다. 기초가 튼튼해야만 그 위에 견고하고 지속 가능한 AI 비즈니스를 쌓아 올릴 수 있다.

1단계: AI-First 아키텍처 구축

AI-first 아키텍처는 기업의 전체 기술 스택과 인프라를 AI 역량을 최우선으로 고려하여 구축하는 것을 의미한다. 이는 모든 기능에 걸쳐 AI의 원활한 통합과 활용을 가능하게 하는 기반이 된다. 기존 시스템에 AI를 '덧붙이는' 방식이 아니라, 처음부터 AI가 가장 효율적으로 작동하도록 설계하는 것이다. 이는 클라우드 네이티브 원칙을 따르고, GPU 기반의 고성능 컴퓨팅 자원을 유연하게 확장할 수 있도록 설계하는 것을 포함한다. 또한, AI 모델의 개발, 배포, 운영, 모니터링을 위한 MLOps(Machine Learning Operations) 파이프라인이 아키텍처의 핵심 요소로 자리 잡는다.

① 레거시 제약의 부재

AI 네이티브 기업은 수십 년간 축적된 레거시 시스템의 제약이 없기 때문에 가장 진보된 AI 기술을 중심으로 인프라와 제품을 설계할 수 있다. 이는 클라우드 네이티브 환경, GPU 기반 컴퓨팅 자원, 그리고 AI 모델 배포 및 관리를 위한 MLOps(Machine Learning Operations) 시스템을 처음부터 최적화하여 구축할 수 있음을 의미한다. 전통 기업들이 겪는 복잡한 시스템 통합, 데이터 호환성 문제, 그리고 성능 제약 등에서 자유로워 훨씬 빠른 개발 및 배포 주기를 가질 수 있다.

② 미래 대비 및 적응성

이러한 아키텍처는 AI 기술의 지속적인 발전을 통합하는 데 유리한 위치를 제공한다. 모듈화되고 유연한 설계 덕분에, 광범위한 시스템 재정비나 호환성 문제없이 새로운 AI 모델이나 기술 발전에 빠르게 적응하고 통합할 수 있다. 이는 AI 기술의 빠른 발전 속도를 고려할 때, 기업의 지속적인 경쟁력 유지에 필수적인 요소이다. 예를 들어, 새로운 대규모 언어 모델(LLM)이 등장했을 때 기존 시스템을 대폭 수정할 필요 없이 빠르게 적용할 수 있다.

③ 비용과 투자의 관점

AI 네이티브 기업은 고성능 컴퓨팅 용량, 대규모 데이터 저장 및 처리, 그리고 AI 모델 개발 및 운영을 위한 전문 인프라에 상당한 초기 및 지속적인 비용을 지출한다. 그러나 그들의 AI-first 아키텍처는 이러한 투자가 미래에 대비하고, AI 기반 서비스의 확장성을 보장하며, 궁극적으로는 더 큰 시너지를 창출하도록 설계되었다.

반면, 전통 기업은 레거시 시스템에 AI를 적용하는 과정에서 기술 부채가 증가하고 성능이 최적화되지 않아 AI 투자의 효율성이 떨어지는 경우가 많다. 따라서 AI 네이티브 기업의 높은 인프라 비용은 단기적인 지출이 아니라 핵심 역량과 미래 적응성을 위한 필수 투자로 보아야 한다.

2단계: 데이터 기반 운영 체계 확립

AI는 데이터에 의존하는 특성 때문에, AI 네이티브 기업은 데이터의 수집, 관리, 분석을 최우선 과제로 삼는다. 데이터는 모든 의사결정 과정의 기반이 되며, 전략 기획부터 운영 실행, 그리고 제품 개발에 이르기까지 데이터에서 도출된 통찰력이 모든 행동을 이끌어낸다. 데이터 없이는 AI가 존재할 수 없으므로, 데이터는 기업의 생명선이자 핵심 자산이다.

① 데이터 생태계 구축

이들 기업은 AI 시스템에 양질의 데이터를 지속적으로 공급하기 위해 강력한 데이터 생태계를 구축한다. 이는 센서, 애플리케이션, 외부 소스 등 다양한 경로에서 데이터를 실시간으로 수집하고, 이를 중앙 집중식으로 저장하며, 필요에 따라 가공하고 분석할 수 있는 인프라를 포함한다.

AI 기업의 핵심은 데이터 관리이며, AI 훈련에 필요한 대규모 데이터 세트를 확보하고 관리하는 것이 핵심 과제이다. 데이터의 양뿐만 아니라 다양성, 정확성, 그리고 실시간성 또한 매우 중요하며, 이를 위한 데이터 거버넌스, 데이터 파이프라인, 데이터 보안 등 전반적인 데이터 관리 체계가 필수적이다.

② '설계된 자산'으로서의 데이터

AI 네이티브 기업에게 데이터는 단순히 수집되는 것이 아니라, AI 소비에 최적화된 '설계된 자산'이다. 이는 데이터가 수집되는 시점부터 AI 모델 학습과 활용을 염두에 두고 구조화되고 정제됨을 의미한다.

이러한 선제적인 접근 방식은 전통 기업을 괴롭히는 '데이터 부채'(예: 파편화되고 정리되지 않은 데이터, 중복 데이터, 부정확한 데이터)를 최소화한다. 데이터는 기업의 핵심 경쟁력으로 인식되며, 데이터의 품질과 접근성은 AI 모델의 성능을 직접적으로 좌우한다.

③ 전통 기업의 장벽

반면 전통 기업은 노후화되거나 파편화된 데이터 시스템, 그리고 부서별로 고립된 데이터 사일로(Data Silo)로 인해 AI 통합에 중대한 장벽을 겪는 경우가 많다. 이들은 AI를 효과적으로 활용하기 전에 데이터 엔지니어링, 거버넌스, 통합에 막대한 초기 투자를 요구받는다. 또한, 데이터에 대한 문화적 이해 부족과 데이터 기반 의사결정 습관의 부재도 큰 걸림돌이 된다.

이러한 데이터 태세의 근본적인 차이는 AI 도입의 속도, 비용, 그리고 궁극적인 성공에 직접적인 영향을 미친다. 전통 기업은 AI 도입 이전에 데이터 자체에 대한 대대적인 정비와 문화적 변화를 선행해야 하는 이중고를 겪는다.

3단계: 자동화된 의사결정 및 알고리즘 기반 프로세스 설계

AI 네이티브 기업은 AI 알고리즘을 활용하여 일상적인 의사결정을 자동화하고, 핵심 비즈니스 프로세스를 알고리즘 중심으로 설계한다. 이는 인간의 개입을 최소화하고 AI의 속도와 정확성을 극대화하는 방식이다. 이 단계는 AI가 단순한 도구에서 벗어나 기업의 '뇌' 역할을 수행하며, 효율성과 민첩성을 극대화하는 핵심 단계이다.

① 효율성 및 속도 향상

일상적인 의사결정이 AI에 의해 자동화됨으로써 인간 자원은 더 복잡하고 창의적이며 전략적인 업무에 집중할 수 있게 된다. 이는 조직 전체의 효율성과 운영 속도를 혁신적으로 향상시킨다.

예를 들어, 고객 서비스 챗봇은 단순 문의를 넘어 복잡한 문제 해결까지 자동화하여 인건비를 절감하고 고객 만족도를 높인다. AI 기반의 재고 관리 시스템은 실시간 수요 예측을 통해 자동 발주 및 물류 최적화를 실행하여 공급망 전체의 효율성을 극대화한다.

② 민첩성과 반응성

실시간 AI 기반의 자동화된 의사결정으로의 전환은 조직의 운영 속도를 근본적으로 변화시킨다. AI는 방대한 데이터를 실시간으로 분석하여 시장 트렌드, 고객 행동 변화, 경쟁사 동향 등을 즉각적으로 파악하고, 이에 대한 최적의 대응 방안을 제시하거나 직접 실행한다.

이를 통해 AI 네이티브 기업은 전통 기업보다 훨씬 빠르게 시장 변화를 감지하고, 전략을 조정하며, 새로운 기회를 포착할 수 있다. 이러한 적응 속도는 역동적인 시장 환경에서 중요한 경쟁 우위 요소가 되며, '승자 독식'의 기회를 제공한다.

③ 동적인 프로세스

핵심 비즈니스 프로세스가 알고리즘을 중심으로 설계되어 동적인 적응, 최적화, 확장성을 가능하게 한다.

예를 들어, 마케팅 캠페인은 AI가 실시간으로 성과를 분석하여 예산을 재분배하고 메시지를 최적화하며, 생산 라인은 AI가

불량률을 예측하여 공정을 자동으로 조정한다. 이러한 동적인 프로세스는 끊임없이 스스로를 개선하며 최적의 상태를 유지한다. 이는 조직을 더욱 민첩하고 반응적으로 만들며, 지속적인 개선을 가능하게 한다.

소규모 기업의 민첩성과 대기업의 레거시 시스템 제약

AI 중심 비즈니스 모델로의 전환은 기업의 규모와 기존 시스템 유무에 따라 다른 양상을 보인다. 이른바 '규모의 역설(Paradox of Scale)'이 AI 시대에 두드러지게 나타난다. 대기업이 가진 자원과 시장 지배력이 때로는 AI 도입의 걸림돌이 될 수 있다.

소규모 기업의 이점

민첩성과 신속한 의사결정: 소규모 기업은 내재된 민첩성과 간결한 의사결정 과정을 통해 AI 솔루션을 빠르게 채택하고 구현할 수 있다. 복잡한 승인 절차나 여러 부서의 이해관계 조율 없이, 소수의 핵심 인력이 신속하게 결정을 내리고 실행할 수 있다. 이는 AI 기술이 빠르게 변화하는 환경에서 큰 강점이다.

• 유연성과 실험 문화: 본질적인 유연성을 바탕으로 AI 기술

을 더 자유롭게 실험하고 적용할 수 있으며, 실패를 두려워하지 않는 혁신 문화를 조성하기 용이하다. 이는 새로운 AI 기반 비즈니스 모델을 빠르게 탐색하고 검증하는 데 유리하다. 실패로부터 빠르게 배우고 다음 시도에 반영하는 '린 스타트업(Lean Startup)' 방식이 AI 도입에 매우 효과적이다.

- **낮은 기술 부채**: 수년에 걸쳐 형성된 복잡한 기술 시스템이나 파편화된 데이터가 적기 때문에, AI를 연결하기 위해 해체하거나 재구축해야 할 기술 부채가 적다. 이는 '클린 슬레이트(Clean Slate)' 상태에서 AI-first 아키텍처를 구축하는 데 유리하며, 초기부터 최신 기술 스택과 AI 중심의 설계를 적용할 수 있다.

대기업의 도전 과제

레거시 시스템

많은 기존 대기업은 수십 년간 사용해 온 오래된 레거시 시스템으로 인해 어려움을 겪는다. 이 시스템들은 최신 AI 솔루션과 호환되지 않거나 통합이 매우 복잡하여, AI 도입에 상당한 장벽으로 작용한다. 기존 시스템을 교체하거나 대대적으로 수정하는 것은 막대한 비용과 시간이 소요되는 위험한 작업이다.

이로 인해 '기술 부채(Technical Debt)'가 지속적으로 누적되어 AI 전환을 더디게 만든다.

조직적 관성 및 문화

조직의 관성은 AI 전환의 주요 장애물이 될 수 있다. 많은 대기업은 전통적인 관행, 경직된 업무 방식, 그리고 변화에 대한 저항으로 인해 AI를 수용하는 데 어려움을 겪는다. 계층적이고 위험 회피적인 문화는 막대한 기술 투자조차 무력화시킬 수 있으며, 새로운 아이디어가 관료주의의 벽에 부딪혀 좌절되는 경우가 많다. 혁신적인 아이디어가 발현되어도 이를 실행하고 확장하는 데 오랜 시간이 걸린다.

복잡한 의사결정 구조

대기업의 복잡한 의사결정 구조와 관료주의는 AI 이니셔티브의 속도를 늦출 수 있다. 여러 부서와 이해관계자들의 승인을 거쳐야 하는 과정은 혁신의 속도를 현저히 저하시킨다. 이는 AI 기술이 빠르게 발전하고 시장 변화가 급격한 상황에서 치명적인 약점이 될 수 있다.

이는 AI 시대에 '규모의 역설'이 존재함을 시사한다. 대기업은 자본과 시장 접근성 등 풍부한 자원을 보유하고 있지만, 기존의 구조와 축적된 기술 부채가 오히려 AI의 빠른 통합을 방해하는 제약이 될 수 있다.

반면, 자원은 적지만 민첩성을 갖춘 AI 네이티브 소규모 기업은 상당한 선점 효과를 얻고 시장을 파괴할 잠재력을 지닌다.

따라서 대기업은 단순히 AI에 막대한 투자를 하는 것을 넘어, 내부 스타트업 육성, AI 네이티브 기업의 전략적 인수, 또는 조직 문화의 근본적인 변화를 통해 조직적, 기술적 경직성을 해결해야 할 필요가 있다. 이는 리더십의 강력한 의지와 전사적인 노력을 요구하는 과제이며, '애자일(Agile)' 방식의 도입과 수평적인 조직 문화로의 전환이 필수적이다.

3.2 데이터 해자(Data Moat) 구축 전략

AI 시대의 기업 경쟁력은 단순히 뛰어난 알고리즘이나 최첨단 기술 도입에만 있지 않다. AI 네이티브 기업의 가장 강력한 경쟁 우위는 알고리즘 자체가 아니라, 그 알고리즘을 학습시키는 고유한 데이터에서 나온다. 이를 '데이터 해자(Data Moat)'라고 부른다.

알고리즘은 시간이 지나면 공개되거나 평준화될 수 있지만, 특정 비즈니스 영역에서 지속적으로 축적된 양질의 데이터는 경쟁사가 쉽게 모방할 수 없는 강력한 방어벽이자 진입 장벽이 된다. 데이터는 AI 모델의 성능을 결정짓는 핵심 요소이며, 독점적인 데이터는 곧 독점적인 AI 역량을 의미한다.

데이터 해자를 구축하기 위한 전략

데이터 소스 확보

경쟁사가 접근하기 어려운 독점적인 데이터 소스를 확보하는 것이 무엇보다 중요하다. 이는 특정 산업 분야의 고유한 운영 데이터일 수도 있고, 사용자 행동 데이터, 또는 IoT 기기를 통해 수집되는 실시간 데이터일 수도 있다.

예를 들어, 테슬라는 수백만 대의 차량에서 수집되는 실제 주행 데이터를 통해 자율주행 알고리즘을 지속적으로 학습시키고 개선한다. 이러한 데이터는 다른 자동차 제조사들이 쉽게 확보할 수 없는 독점적인 자산이 되어 테슬라의 강력한 경쟁 우위를 구축한다.

데이터 네트워크 효과

더 많은 사용자가 서비스를 이용할수록 데이터의 질과 양이 향상되고, 이는 다시 더 나은 서비스로 이어져 더 많은 사용자를 끌어들이는 선순환 구조를 만든다. 이는 데이터의 가치가 단순히 양적으로 증가하는 것을 넘어 질적으로 향상되며, 더 강력한 AI 모델로 이어진다.

예를 들어, 구글 검색은 사용자들이 검색할 때마다 어떤 결과에 반응하는지 학습하여 검색 엔진의 정확도를 끊임없이 개선한다. 웨이즈(Waze) 내비게이션 앱은 사용자들의 실시간 교통 정보와 운행 데이터를 수집하여 다른 사용자들에게 가장 정확하고 빠른 길을 안내하며, 이는 더 많은 사용자를 끌어들이는 원동력이 된다.

데이터 통합 및 정제

기업 내부에 흩어져 있는 데이터 사일로를 허물고, 다양한 형태의 데이터를 하나의 의미 있는 구조(온톨로지, Ontology)로 통합하여 가치를 극대화한다. 이 과정에서 데이터의 정제, 표준화, 라벨링이 필수적이다. 불완전하거나 부정확한 데이터는 AI 모델의 성능을 저하시킬 뿐만 아니라, 잘못된 의사결정으로 이어질 수 있다.

따라서 데이터의 품질 관리는 데이터 해자 구축의 핵심 요소이다. 통합된 데이터는 기업이 전체적인 시각에서 비즈니스 문제를 분석하고 해결할 수 있도록 돕는다.

궁극적으로 데이터 해자는 단순히 데이터를 많이 보유하는 것을 넘어, 양질의 데이터를 지속적으로 확보하고, 이를 학습을 통해 AI 모델의 지능으로 전환하며, 이 지능이 다시 더 많은 데이터를 창출하는 선순환 구조를 구축하는 능력을 의미한다. 이는 AI 네이티브 기업이 장기적인 경쟁 우위를 확보하고 시장 지배력을 강화하는 가장 중요한 전략적 자산이 된다.

3.3 전통 기업과 AI 네이티브 기업의 본질적 차이

AI 네이티브 기업은 전통 기업과 조직 구조, 의사결정 방식, 혁신, 고객 상호작용 등 운영의 모든 측면에서 근본적인 차이를 보인다. 이러한 차이점을 비교 분석하는 것은 AI 시대의 새로운 경쟁 우위 요소를 명확히 이해하는 데 도움을 준다.

AI 네이티브 기업은 AI를 단순한 기술 도구가 아닌, 기업의 핵심 존재 방식으로 내재화했기 때문에 발생하는 필연적인 차이점들이다. 이는 단순히 기술 스택의 차이를 넘어, 기업을 운영하는 철학과 방식의 근본적인 전환을 의미한다.

AI 네이티브로의 전환을 모색하는 기업 리더들은 먼저 자신의 조직이 현재 어디에 위치해 있는지 냉철하게 진단해야 한다.

다음 표는 전통적인 기업과 AI 네이티브 기업의 핵심적인 차이점을 비교하여, 조직의 현재 상태를 평가하고 미래 전략의 방

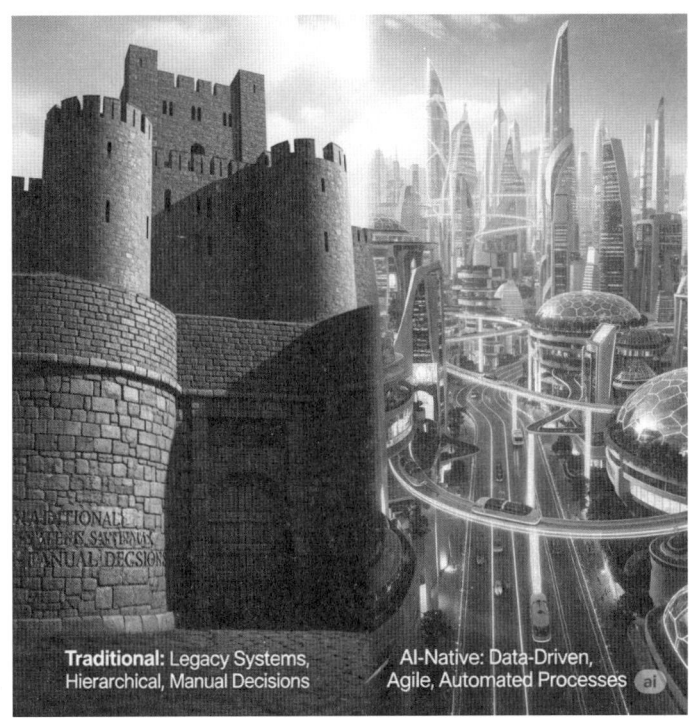

[그림 3-1] 레거시 시스템 vs AI 네이티브 데이터 기반

향을 설정하는 데 필요한 기준점을 제공한다. 이 차이점들을 이해하는 것은 AI 시대에 어떤 역량을 강화하고 어떤 변화를 시도해야 할지 명확한 방향을 제시한다.

[표3-1] 전통 기업 vs. AI 네이티브 기업

속성(Attribute)	전통 기업(Traditional Enterprise)	AI 네이티브 기업 (AI-Native Enterprise)
데이터 아키텍처	부서별로 분리된 데이터 사일로, 주기적인 데이터 추출 및 변환(ETL)	통합된 실시간 데이터 온톨로지, 전사적 데이터 공유
인프라	온프레미스(사내 구축형) 레거시 시스템, 확장성 부족	클라우드 네이티브, AI 워크로드에 최적화된 확장 가능한 구조
모델 라이프사이클	수동적이고 주기적인 모델 업데이트(볼트-온 방식)	통합된 MLOps, 모델의 지속적 통합 및 배포(CI/CD)
혁신 초점	점진적 개선, 비용 절감	새로운 비즈니스 역량 및 수익원 창출
조직 구조	계층적, 기능 중심의 부서 구조	민첩한(Agile) 교차 기능 팀 (예: 스쿼드)
변화 속도	느리고 변화에 저항적	속도를 위해 설계됨, 지속적인 실험 문화

이러한 차이는 궁극적으로 AI 네이티브 기업의 5대 공통 특성으로 귀결된다. 첫째, 데이터 중심 의사결정이다. 모든 결정은 직관이 아닌 실시간으로 수집되고 분석된 데이터에 기반하며, 이는 의사결정의 정확성과 속도를 비약적으로 향상시킨다.

둘째, 자동화된 학습 루프이다. 제품과 서비스는 사용자의 피드백과 상호작용을 통해 자동으로 개선되고 진화하며, 이는 지속적인 혁신과 경쟁 우위 확보의 핵심 엔진이 된다.

셋째, 민첩한 조직 문화이다. 작은 단위의 팀이 자율성을 가지고 빠르게 실험하고 실패하며 학습함으로써 시장 변화에 유연하게 대응하고 혁신을 가속화한다.

넷째, 새로운 가치 창출이다. 기존 시장을 잠식하는 것에 만족하지 않고 AI를 통해 이전에는 존재하지 않던 새로운 시장과 가치를 정의한다.

마지막으로, 미래 보장형 인프라이다. 기술 발전에 유연하게 대응할 수 있도록 설계되어, 새로운 AI 모델이 등장했을 때 신속하게 통합하고 확장할 수 있는 역량을 갖춘다. 이 다섯 가지 특성은 AI 네이티브 기업이 급변하는 시장 환경에서 성공적으로 자리매김하는 핵심 요인이다.

3.4 AI 네이티브 기업 사례 분석 1

AI 네이티브 기업의 가장 대표적인 사례는 데이터 분석 기업 팔란티어(Palantir)다. 팔란티어의 핵심은 단순히 특정 문제를 해결하는 AI 애플리케이션을 제공하는 것이 아니라, 기업 전체를 하나의 거대한 데이터 유기체로 만드는 운영체제(OS)인 '파운드리(Foundry)'를 제공하는 데 있다. 이는 개별적인 AI 솔루션의 합을 넘어선, 기업의 모든 데이터를 연결하고 지능화하는 플랫폼 전략을 의미한다.

파운드리의 핵심은 '온톨로지(Ontology)'라는 개념이다. 이는 기업 내에 흩어져 있는 모든 종류의 데이터(정형, 비정형, 스트리밍, IoT, 지리공간 데이터 등)를 단순히 한곳에 모으는 것을 넘어, 이들을 공장, 설비, 고객, 공급망과 같은 실제 비즈니스 객체와 연결하여 살아있는 '디지털 트윈(Digital Twin)'을 구축하는 것이다.

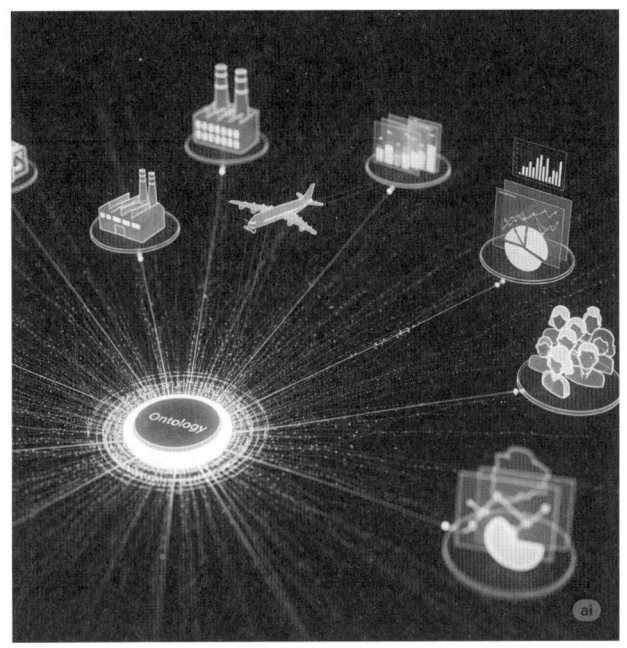

[그림 3-2] 팔란티어의 온톨로지 개념도

이 디지털 트윈 위에서 분석가, 데이터 과학자, 현업 담당자들은 각자의 언어가 아닌 '비즈니스'라는 공통의 언어로 협업하며 문제를 해결한다. 온톨로지는 마치 기업의 모든 정보를 엮는 지식 그래프와 같아서, 복잡한 관계와 의미를 AI가 이해하고 활용할 수 있도록 돕는다.

이것이 실제로 어떻게 작동하는지 보여주는 구체적인 사례가 바로 미국 최대 전력 회사 중 하나인 PG&E(Pacific Gas and

Electric)와의 협력이다. PG&E는 노후 전력 설비로 인한 산불 발생이라는 심각한 운영 리스크에 직면해 있었다. 이 문제를 해결하기 위해 PG&E는 파운드리를 도입하여 설비의 상태 데이터, 수리 이력, 지리공간 정보, 기상 데이터, 식생 데이터 등 수십억 개의 데이터 포인트를 하나의 온톨로지로 통합했다.

이 통합된 데이터를 기반으로, 파운드리는 어떤 설비가 고장날 위험이 가장 높은지 예측하는 모델을 구축했고, PG&E는 이를 통해 예방적 유지보수를 가장 시급한 곳에 집중할 수 있었다. 그 결과, 2018-2020년 대비 2022년 산불로 인한 피해 면적을 99%나 줄이는 경이적인 성과를 거두었다.

이는 AI 네이티브 플랫폼이 어떻게 복잡하고 중대한 현실 세계의 문제를 해결하는지를 명확히 보여주는 사례다. 팔란티어는 단순한 소프트웨어 제공을 넘어, 고객의 핵심 비즈니스 프로세스를 AI 기반으로 재편하여 실제적인 운영 성과를 창출하는 AI 네이티브 기업의 전형을 보여준다.

3.5 AI 네이티브 기업 사례 분석 2

　국내에서는 다양한 기업들이 AI 네이티브 기업으로의 전환을 추진 중에 있다. 초기 단계라 추이를 봐야겠지만, 그중에서 카카오 사례를 살펴보고자 한다. 카카오의 AI 전략의 핵심은 '초개인화(Hyper-personalization)'다. 이는 단순히 사용자에게 맞춤형 광고를 보여주는 수준을 넘어, 사용자의 맥락과 감정, 관계까지 이해하는 AI를 지향한다. 카카오가 발표한 통합 AI 브랜드 '카나나(Kanana)'는 "나에게 배워 나처럼 생각하고 행동한다"는 의미를 담고 있으며, 이는 카카오의 AI 철학을 명확하게 보여준다. 카카오는 '일상 속의 AI'를 목표로, 사용자들이 인지하지 못하는 사이에도 AI가 개인의 삶에 깊숙이 스며들어 편의를 제공하는 것을 지향한다.

　카카오의 AI 챗봇 서비스 '카나나'는 사용자와의 대화 맥락을 기억하고 학습하여, 시간이 지날수록 더욱 개인에게 최적화된 답변을 제공한다. 특히 주목할 만한 점은 '그룹 대화'에서도 작동하는 AI 메이트 기능이다. 이는 대부분의 글로벌 AI 서비스가 1:1 대화에 초점을 맞추고 있는 것과 차별화되는 지점으로, 카카오는 친구, 가족, 동료와의 그룹 채팅방이라는 '관계' 속에서 AI가 자연스럽게 조력자 역할을 하도록 설계했다. 이는 AI가 단순한 정보 제공자를 넘어, 인간의 사회적 상호작용 속에서 유의미한 가치를 창출할 수 있음을 보여준다.

이러한 초개인화의 이면에는 '신뢰할 수 있는 AI'를 구축하기 위한 치밀한 노력이 있다. 카카오는 AI 모델 학습 데이터의 편향성, 특히 성별이나 연령과 같은 민감한 정보로 인한 차별적 결과를 방지하기 위해 데이터 검토 및 점검 프로세스를 강화하고 있다.

또한, 설명가능 AI(XAI) 기술을 도입하여 AI의 판단 근거를 내부적으로 분석하고, 이를 통해 모델의 신뢰도를 높이는 데 주력한다. 사용자가 AI를 신뢰하지 않으면 아무리 뛰어난 기술도 무용지물이라는 것을 이해하고, 기술 개발 초기 단계부터 윤리적, 사회적 책임을 내재화하는 것, 이것이 바로 AI 네이티브 기업의 또 다른 중요한 특징이다. 이는 AI의 기술적 우수성만큼이나 사회적 수용성과 책임이 중요하다는 것을 보여주는 사례다. 물론 현재 진행형이라 그 결과는 추후에 나오겠지만 현재 시점에서는 유의미한 사례라고 볼 수 있다.

이 두 사례는 AI 네이티브 기업의 성공 방정식이 단순히 뛰어난 알고리즘에만 있지 않다는 것을 보여준다. 팔란티어의 사례는 기업의 복잡한 운영 데이터를 의미 있는 '온톨로지'로 재구성하는 능력의 중요성을, 카카오의 사례는 사용자와의 깊은 신뢰 관계를 기반으로 한 '초개인화'의 힘을 증명한다.

결국 AI 네이티브 기업의 가장 강력하고 방어하기 어려운 경쟁 우위는 복제 가능한 알고리즘이 아니라, 기업의 고유한 데이터와 운영 방식을 엮어낸 '온톨로지'와 사용자와의 깊은 '신뢰'에서 나온다. 이것이 바로 경쟁사가 쉽게 모방할 수 없는 진정한 해자(moat)다.

결론: AI 네이티브는 기술이 아니라 존재 방식이다

AI 네이티브 기업은 단순히 최신 기술을 도입한 기업이 아니라, AI에 의해 근본적으로 정의되는 새로운 비즈니스 패러다임을 대표한다. 이들은 AI를 조직의 핵심 DNA와 운영 방식에 깊이 내재화하여, 전통 기업과는 모든 면에서 확연히 다른 특성을 보인다. AI 네이티브는 기업이 시장에서 생존하고 번영하기 위한 새로운 기준이자 필연적인 진화의 방향이다.

AI 네이티브 기업의 핵심은 AI가 그들의 '생존 조건'이자 '가치 창출'의 본질적인 요소라는 점이다. 이들은 인간 중심의 직관과 경험에 의존하는 대신, 끊임없는 실험과 학습, 데이터 기반 추론을 통해 스스로 진화한다. 도구를 판매하는 것이 아니라 AI가 직접 제공하는 '결과'를 판매함으로써 고객 가치를 극대화하고, 이를 통해 고객과의 관계를 재정의한다. 이는 고객이 AI 없이는 자신의 문제를 완벽하게 해결하기 어렵다고 느끼게 만드는 강력한 종속 효과를 창출한다.

이들의 경쟁 우위는 다음과 같은 핵심 메커니즘에서 비롯된다:

데이터 기반의 실시간 의사결정

방대한 데이터를 AI가 실시간으로 분석하고 예측하여, 전례 없는 속도와 정확성으로 시장 변화에 대응하고 혁신을 주도한다. 이는 인간의 인지적 한계를 뛰어넘는 의사결정 능력을 제공한다.

자율적 성장 루프

'학습의 경제'를 통해 사용자가 늘어날수록 제품과 서비스가 더 스마트해지고 비용 효율이 높아지는 선순환을 구축한다. 이는 성장에 따라 비용이 평탄화되는 구조를 만들어, 전통 기업이 따라잡기 어려운 강력한 경쟁 해자를 형성한다. 이 루프는 기업의 가치를 기하급수적으로 증폭시킨다.

초개인화된 가치 제공

AI가 고객 개개인의 니즈를 예측하고 선제적으로 충족시켜 강력한 고객 충성도를 확보한다. 이는 고객 경험의 수준을 한 차원 높여 경쟁사와 차별화되는 핵심 요소가 된다.

소규모 기업은 민첩성을 무기로 이 전환에 유리할 수 있지만, 대기업은 레거시 시스템과 조직적 관성이라는 거대한 장벽에 직면하며 '규모의 역설'을 경험한다. 이는 AI 전환이 단순히 기술적 과제를 넘어, 리더십과 문화의 근본적인 변화를 요구하는 과제임을 명확히 보여준다. 성공적인 AI 네이티브 기업으로의 전환은 기술 투자뿐만 아니라, 조직의 사고방식과 일하는 방식 전체를 재설계하는 대담한 결단이 필요하다.

결론적으로, AI 네이티브는 미래의 기업 모델이 아니라, 이미 현실이 된 '지금의 기준'이다. AI는 더 이상 선택이 아닌 기본값이며, 모든 기업은 이 거대한 흐름에 맞춰 스스로의 존재 방식을 근본적으로 재설계해야 하는 도전에 직면해 있다. 이 도전을 성공적으로 극복하는 기업만이 AI 시대의 진정한 승자가 될 것이다.

4장
AI 중심 조직 구축 전략

　AI 기술 발전은 기업 운영 방식과 경쟁력을 근본적으로 바꾼다. 예측 불가능한 변화와 치열한 경쟁이 특징인 오늘날 비즈니스 환경에서, 전통적인 조직 구조로는 지속적인 성장을 기대하기 어렵다. 기업들은 이제 AI를 단순한 도구가 아닌, 비즈니스 전반의 핵심 동력으로 활용해 새로운 가치를 만들고 시장을 선도하는 'AI 중심 조직', 즉 'AI 네이티브 조직'으로 전환하는 것을 목표로 한다.

　이 글에서는 AI 네이티브 조직의 개념과 특징을 깊이 있게 탐구하고, AI 시대에 필요한 조직 구조와 문화 변화를 분석한다. 또, AI 기반의 실시간 데이터 의사결정 프로세스가 기업의 민첩성과 정확성을 어떻게 극대화하는지 살펴본다.

　마지막으로, 기업이 AI 중심 조직으로 성공적으로 전환하기 위한 단계별 전략 로드맵을 제시해 독자들이 AI 시대를 선도하고 미래 경쟁력을 확보하는 실질적인 방법을 찾도록 돕는다.

4.1 레거시 조직의 한계와 새로운 조직 설계

AI 네이티브 전략을 성공적으로 실행하려면 기술 도입만으로는 부족하다. 조직의 구조와 문화, 즉 '운영체제' 자체를 AI 시대에 맞게 업그레이드해야 한다.

안정성과 예측 가능성을 위해 설계된 전통적인 계층적 조직 구조는 속도와 적응성을 생명으로 하는 AI 네이티브 시대에는 오히려 족쇄가 된다. 이런 조직에 AI를 도입하는 것은 마치 마차에 제트 엔진을 다는 것과 같아서, 엄청난 마찰과 비효율을 낳고 결국 실패로 이어질 수 있다.

AI 네이티브 기업은 성장을 위해 사람을 늘리는 대신, 소규모 팀의 역량을 기술로 증폭시키는 방식을 택한다. 이를 위해서는 기존 부서 간 장벽을 허물고, 정보가 원활하게 흐르며, 의사결정이 신속하게 이루어지는 유기적인 조직 구조가 필수다.

AI 네이티브 조직은 단순히 인공지능 기술을 도입하는 것을 넘어, 조직 전체의 비즈니스 프로세스와 의사결정 구조에 AI를 깊이 통합한 형태를 의미한다. 이건 마치 디지털 네이티브 세대가 디지털 기술과 함께 성장해서 자연스럽게 활용하듯이, 조직의 DNA 자체에 AI가 내재화된 상태를 말한다. 이런 조직은 비즈니스 전략, 운영 프로세스, 인재 확보, 조직 문화, 기술 인프라 전반을 AI 중심으로 재설계하는 것을 목표로 한다.

AI 네이티브 조직의 가장 두드러진 특징은 AI 통합의 범위와 깊이다. 기존의 AI 도입 방식이 특정 부서나 프로젝트에 국한된 '점(點)' 형태였다면, AI 네이티브 조직은 전사적 차원에서 AI를 '면(面)'으로 확장시킨 형태다. 이런 확장은 AI가 특정 업무의 보조 도구가 아니라, 비즈니스 전반의 핵심 동력으로 기능함을 의미한다.

AI가 조직의 모든 부분에 스며들려면 데이터 사일로를 허물고, 시스템 간의 유기적인 연결을 필수적으로 구축해야 한다. 이는 단순한 기술 도입을 넘어선 IT 아키텍처의 전면적인 재구축을 요구하며, 전사적인 데이터 표준화와 데이터 거버넌스 체계가 선행되어야만 AI가 각 부서의 데이터를 자유롭게 활용하고 상호작용하며 '면' 단위의 가치를 만들 수 있다.

또, AI 네이티브 조직은 단순히 데이터에 기반한 의사결정을 넘어, AI가 직접 분석하고 예측하며 시뮬레이션한 결과를 바탕으로 의사결정을 내리는 'AI 기반 의사결정'을 지향한다. AI는 상황을 판단하고 결정하는 에이전트 역할을 수행하며, 인간과 AI의 협업을 통해 새로운 가치를 만든다. AI가 핵심 동력이 된다는 것은 경영진의 사고방식과 의사결정 방식이 근본적으로 변해야 함을 시사한다. AI의 추천과 인사이트를 비즈니스 핵심 의사결정에 반영하는 'AI 퍼스트' 철학 없이는 진정한 AI 네이티브 조직으로의 전환이 어렵다. 경영진의 이런 변화는 AI가 아무리 강력해도 그 잠재력을 온전히 발휘하는 데 필수적인 요소로 작용한다.

궁극적으로 AI 네이티브 조직은 기술을 단순한 '보조 도구'가 아닌 '핵심 동력'으로 삼아 시장을 선도하는 기업을 의미한다. 이는 비즈니스 전략, 운영 프로세스, 인재 확보, 조직 문화, 기술 인프라 전반을 AI 중심으로 재설계하는 것을 목표로 한다. AI의 실시간 데이터 처리 및 예측 능력은 의사결정 속도를 비약적으로 높이고, 자동화를 통해 운영의 확장성을 극대화하며, 위험 요소를 사전에 감지해 안전성을 강화한다.

이런 조직의 속도(Speed), 확장성(Scale), 안전성(Safety)을 AI 기반으로 재정의하는 것은 단순한 IT 프로젝트가 아니라, 기업의 본질적인 경쟁력을 결정하는 핵심적인 혁신으로 평가된다. 이처럼 AI 통합의 깊이와 범위가 확장될수록, 기업은 더 큰 경쟁 우위를 확보할 수 있다.

조직 구조의 전환 또한 AI 네이티브 조직에서 중요한 요소다. 전통적인 기능 중심 조직이 AI 네이티브 조직의 패러다임 전환에는 한계를 드러내므로, AI 도입으로 인해 더 유연하고 프로젝트 중심 또는 목표 중심의 구조로 전환이 필요하다. 이런 전환은 필요한 기술과 인력을 유연하게 통합할 수 있는 환경을 제공하며, 각 프로젝트나 목표에 따라 자원을 배치하고 팀을 구성함으로써 변하는 시장 요구에 민감하게 대처할 기회를 제공한다.

예를 들어, 특정 AI 프로젝트를 위해 데이터 과학자, 소프트웨어 엔지니어, 비즈니스 분석가, 그리고 해당 분야의 전문가들이 임시 팀으로 모여 집중적으로 작업하고, 프로젝트가 끝나면 다시 다른 프로젝트에 참여하는 방식이 일반화된다.

AI와 프로젝트 중심의 조직 구조는 협업을 극대화하며, 팀원들이 다양한 전문성을 활용해 시너지를 만들어내게 돕는다.

AI 활용을 극대화하려면 부서 간 장벽을 허물고, 투명하고 적극적인 커뮤니케이션이 필요하다. 각 팀은 AI가 제공하는 데이터를 공유하고, 이걸 바탕으로 아이디어를 제안하고 검증해 최적의 결과를 도출할 수 있다.

또 AI 네이티브 조직은 인간과 AI가 함께 일하는 하이브리드 환경을 자연스럽게 받아들이는 문화를 조성하며, 이런 문화는 직원들에게 새로운 형태의 업무 몰입과 창의적 문제 해결 능력을 요구하면서 조직 전체가 빠르게 변하는 시장과 기술 환경에 유연하게 대응하도록 만든다. 실패를 두려워하지 않고 새로운 AI 활용 방안을 실험하며, 그 결과를 공유하고 학습하는 문화가 중요하다.

'AI 퍼스트' 문화는 조직의 '민첩성'과 '혁신 속도'를 결정하는 핵심 동력이다. AI 네이티브 조직이 'AI 퍼스트' 철학을 자기 것으로 만들고 '기능 중심'에서 '프로젝트/목표 중심'으로 조직 구조를 바꾸는 것은 '빠르고 정확한 의사결정'과 '실행의 민첩성'을 높인다. 이런 'AI 퍼스트' 철학과 구조 변화는 3.3장에서 AI 네이티브 기업의 특성으로 언급된 '전략보다 빠른 실행 중시'와 '놀라운 성장 속도'의 근본적인 원인이 된다. AI를 통해 의사결정 주기가 단축되고, 조직이 유연하게 재편되면서 시장 변화에 대한 대응 속도가 압도적으로 빨라지는 것이다.

궁극적으로 AI 네이티브 조직은 단순히 AI 기술을 활용하는 것을 넘어, AI를 의사결정과 운영의 최우선 순위에 두는 문화를 통해 시장의 변화에 초고속으로 반응하고 혁신을 주도하는 능력을 갖추게 된다. 이건 기업의 생존과 지속 가능한 성장을 위한 필수적인 요소다.

다음 표는 AI 중심 조직으로의 전환이 기업의 여러 측면에서 어떻게 본질적인 변화를 가져오는지를 구조적으로 보여준다. 각 영역별로 전통 조직과 AI 네이티브 조직의 차이점을 명확히 대비해서, 독자가 AI 중심 조직의 특징과 지향점을 쉽게 이해하도록 돕는다. 이건 기업이 AI 전환을 계획할 때 어떤 영역에 집중해야 하는지 전략적 방향성을 제시하는 데 유용하다.

[표 4-1] AI 중심 조직의 주요 변화

영역	전통 조직	AI 네이티브 조직	변화의 효과
조직 철학	AI 보조 도구	AI 핵심 동력/전략적 파트너, 'AI 퍼스트' 철학 내재화	시장 선도, 혁신 가속화
조직 구조	기능 중심, 경직된 구조	프로젝트/목표 중심, 유연한 구조	실행의 민첩성, 자원 효율적 통합
의사결정 방식	데이터 기반(과거/현재 중심), 직관 개입	AI 기반 실시간 의사결정, 예측 모델링, 시뮬레이션 활용	빠르고 정확한 의사결정, 선제적 대응
인재상	전통적 직무 구분, 특정 기술 전문성	데이터 해석력, 프롬프트 엔지니어링, AI 협업 역량	창의적 문제 해결, 새로운 가치 창출
조직 문화	경직된 위계, 부서 간 장벽	인간-AI 하이브리드 환경 수용, 투명한 커뮤니케이션, 협업 극대화	업무 몰입 증대, 유연한 시장 대응

4.2 민첩한 조직을 위한 프레임워크: 스포티파이 모델

AI 네이티브 조직 설계를 위한 강력한 프레임워크 중 하나로 '스포티파이 모델(Spotify Model)'을 들 수 있다. 이 모델은 거대 조직을 작고 민첩한 단위로 분해해서 자율성과 협업을 극대화하는 것을 목표로 한다.

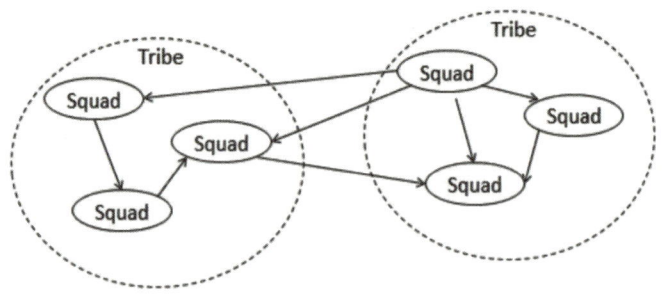

[그림 4-1] 스포티파이 모델의 구조

스쿼드(Squads)

스쿼드는 하나의 작은 스타트업처럼 움직이는 교차 기능 팀이다. 보통 6~12명으로 구성되며, 특정 기능 영역에 대한 명확한 미션을 가지고 자율적으로 일한다.

트라이브(Tribe)

관련된 미션을 가진 여러 스쿼드가 모여 하나의 트라이브를 형성한다. 트라이브는 스쿼드 간의 정렬과 협력을 돕는 역할을 하며, 보통 150명을 넘지 않아 긴밀한 커뮤니티를 유지한다.

챕터(Chapters)와 길드(Guilds)

챕터는 서로 다른 스쿼드에 속해 있지만 동일한 전문 분야(예: 데이터 과학, 프론트엔드 개발)를 가진 구성원들의 모임이다. 이들은 정기적으로 모여 기술 표준을 논의하고 지식을 공유한다. 길드는 특정 주제에 대한 관심사를 공유하는 자발적인 커뮤니티로, 조직 전체에 걸쳐 지식과 열정을 전파하는 역할을 한다.

이 모델의 핵심은 의사결정을 분산시키고, 각 팀에 최대한의 자율성을 부여해 변화에 빠르게 대응하도록 하는 것이다. 이는 경직된 프로세스 대신 유연한 협업 문화를, 중앙 통제 대신 상호 신뢰를 강조한다.

4.3 문화적 기반: 구글의 아리스토텔레스 프로젝트

그러나 혁신적인 조직 구조도 올바른 문화가 뒷받침되지 않으면 제대로 작동할 수 없다. 구글이 2년간 180개 팀을 연구해 고성과 팀의 비밀을 파헤친 '아리스토텔레스 프로젝트(Project Aristotle)'는 여기에 대한 명확한 답을 제시한다. 프로젝트의 결론은 놀라울 정도로 간단했다. 고성과 팀을 만드는 가장 중요한 단일 요소는 바로 심리적 안정감(Psychological Safety)이었다.

심리적 안정감이란 팀원들이 대인 관계의 위험을 감수해도 안전하다고 느끼는 공유된 믿음을 의미한다. 즉, 새로운 아이디어를 제안하거나, 어리석어 보이는 질문을 하거나, 자신의 실수를 인정해도 처벌받거나 창피를 당하지 않을 것이라는 신뢰다. 구글의 연구는 뛰어난 개인이 모인 팀보다, 평범한 사람들이 모였더라도 심리적 안정감이 높은 팀이 훨씬 더 뛰어난 성과를 낸다는 것을 증명했다.

스포티파이 모델이 분산된 실행을 위한 '구조적 하드웨어'라면, 심리적 안정감은 그 하드웨어가 혼란 없이 원활하게 작동하도록 만드는 '문화적 운영체제'와 같다. 자율성은 신뢰와 안전 없이는 위험 회피적이 되거나 무질서한 혼돈으로 이어지기 쉽다.

심리적 안정감은 팀이 '좋은 실패'를 통해 배우고, 지식을 투명하게 공유하며, 진정한 혁신을 이룰 수 있는 토양을 제공한다.

따라서 리더는 단순히 조직도를 바꾸는 것을 넘어, 심리적 안정감을 적극적으로 조성하고 보호해야 한다. 이 두 가지는 AI 네이티브 조직 설계의 양면과도 같아서, 하나 없이는 다른 하나도 성공할 수 없다.

AI 네이티브 조직으로의 전환은 기술적 인프라 구축만큼이나 조직 문화의 혁신이 중요하다. AI는 단순히 업무를 자동화하는 도구를 넘어, 직원들의 일하는 방식과 사고방식에 근본적인 변화를 요구하기 때문이다.

AI 도입의 가장 큰 어려움은 '팀의 변화 저항'이다. 이는 단순히 기술에 대한 두려움이 아니라, AI가 자신의 업무와 목표를 어떻게 지원하는지 이해하지 못하거나, 과정에 참여하지 못했기 때문에 발생한다. 이걸 극복하려면 AI가 어떻게 목표를 지원하고 기존 업무에 적용되는지 명확히 보여주고, 경영진이 직접 AI를 활용하는 '롤 모델링'을 통해 신뢰를 구축하는 것이 중요하다.

AI 네이티브 조직은 인간과 AI가 함께 일하는 하이브리드 환경을 자연스럽게 수용하는 문화를 조성한다. 이런 문화는 직원들에게 새로운 형태의 업무 몰입과 창의적 문제 해결 능력을 요구하며, 조직 전체가 빠르게 변하는 시장과 기술 환경에 유연하게 대응하도록 만든다. AI를 효과적으로 활용하려면 단순한 도구 사용법을 넘어 데이터 해석력, 프롬프트 엔지니어링, AI 협업 역량 등 새로운 기술을 습득해야 한다. 모든 직원이 데이터 과학자가 될 필요는 없지만, 직원들 사이에 기능적 유창성(AI 리터러시)이 필요하며, 각 부서에 맞는 맞춤형 AI 온보딩 교육을 통해 이걸 구축해야 한다.

AI 기술은 빠르게 발전하므로, 일회성 교육으로는 부족하다. '지속적인 학습 체계'와 'AI 리터러시 강화'는 AI 네이티브 조직이 끊임없이 변화에 적응하고 혁신을 지속할 수 있는 기반을 마련한다. AI가 단순 반복 업무를 처리함으로써 인간이 창의적이고 전략적 사고에 집중할 수 있는 인지적 여유를 확보하게 하는 것은 인간의 학습과 성장을 위한 촉매제가 된다.

AI 중심 기업은 기존 데이터 중심 전략을 발판 삼아, 한층 더 발전한 형태를 추구한다. 이는 직관 대신 지표와 결과를 중심으로 결정을 내리는 데이터 중심 의사결정 문화를 조성하는 것을 의미하며, 이런 변화는 고위 경영진이 주도해야 한다.

AI 중심 조직은 기존의 데이터 중심 문화를 계승하면서도, 대규모 언어 모델(LLM) 등 고도화된 모델을 통해 정형 및 비정형 데이터를 모두 다루고, '**실험 정신**'을 강조한다. AI는 본질적으로 실험과 밀접한 관련이 있으므로, 조직은 시행착오를 포용하고 작업 방식에 대해 개방적인 태도를 유지하는 문화를 조성해야 한다. 이는 AI 모델이 완벽하지 않으며, 지속적인 테스트와 개선(시행착오 포용)을 통해 최적화되어야 한다는 점을 인지하고 있음을 보여준다. 이처럼 데이터 기반 의사결정에 실험적 접근을 결합함으로써, 조직은 불확실한 AI 환경에서 더욱 유연하고 민첩하게 혁신할 수 있다.

AI 네이티브 조직의 문화 혁신은 단순히 기술을 사용하는 것을 넘어, 조직 구성원들의 '마인드셋'과 '행동 양식'을 변화시키는 데 초점을 맞춘다. 이는 AI가 제공하는 기회를 최대한 활용하고, 동시에 AI 도입으로 발생할 수 있는 사회적 및 심리적 혼란을 최소화하며, 궁극적으로 조직의 지속 가능한 성장과 혁신을 가능하게 하는 핵심 동력이 된다.

다음 표는 AI 네이티브 조직의 성공에 필수적인 핵심 문화 요소와 그 특징을 요약해 제시한다.

[표 4-2] AI 네이티브 조직의 핵심 문화 요소 및 특징

핵심 문화 요소	특징 및 중요성
인간-AI 협업 수용	AI를 동료이자 파트너로 인식하고, 인간과 AI가 함께 일하는 하이브리드 환경을 자연스럽게 받아들이는 개방성. 새로운 업무 몰입과 창의적 문제 해결 능력 요구.
AI 리터러시 및 역량 강화	모든 직원의 AI 기술 이해도(AI 리터러시) 향상. 데이터 해석력, 프롬프트 엔지니어링, AI 협업 역량 등 새로운 핵심 역량 개발. 맞춤형 온보딩 및 지속 교육 프로그램 필수.
지속적인 학습 체계	급변하는 AI 기술에 대응하기 위한 상시 학습 문화 조성. 사내 해커톤, AI 커뮤니티, 성공 사례 공유 등을 통한 자발적 학습 유도.
실험 정신 및 시행착오 포용	AI 도입은 본질적으로 실험적 과정임을 인지하고, 실패를 학습의 기회로 삼는 문화. 빠르게 시도하고, 평가하고, 개선하는 민첩한 접근 방식 강조.
데이터 중심 사고방식	직관 대신 데이터와 분석에 기반한 의사결정 문화 내재화. AI가 생성하는 데이터와 인사이트를 비즈니스 핵심 의사결정에 적극 반영. 경영진의 주도적 역할 중요.
투명성과 신뢰 구축	AI의 의사결정 과정과 결과에 대한 투명성 확보. 데이터 프라이버시, 보안, 윤리적 기준 준수를 통해 AI 시스템 및 프로세스에 대한 조직 구성원의 신뢰 증진.

이 표는 기술적 전환이 성공하려면 반드시 문화적 전환이 동반되어야 한다는 점을 강조한다. 추상적인 '문화' 개념을 구체적인 '요소'와 '특징'으로 세분화해, 기업이 AI 문화 구축을 위해 어떤 노력을 기울여야 하는지 실질적인 가이드라인을 제공한다.

4.4 AI 시대의 성과 측정: 새로운 KPI를 찾아서

AI 네이티브 조직에서는 전통적인 성과 측정 방식(KPI)도 재검토해야 한다. 개인의 효율성이나 단기적인 재무 성과에만 초점을 맞춘 KPI는 빠른 실험과 학습, 장기적인 데이터 자산 구축과 같은 AI 네이티브의 핵심 활동을 방해할 수 있다. 새로운 시대는 새로운 측정 기준을 요구한다.

실험 속도(Experimentation Velocity)

얼마나 많은 가설을 얼마나 빠르게 테스트하고 배우는가?

학습률(Learning Rate)

실패한 실험에서 얼마나 의미 있는 교훈을 얻어 다음 시도에 반영하는가?

데이터 자산 가치(Data Asset Value)

조직이 보유한 데이터의 품질, 양, 활용도가 얼마나 증가했는가?

인간-AI 팀 성과(Human-AI Team Performance)

AI 도입으로 인해 팀의 문제 해결 능력과 창의성이 얼마나 향상되었는가?

이런 새로운 KPI는 결과뿐만 아니라 과정을 중시하고, 실패를 학습의 일부로 인정하며, 장기적인 역량 강화를 장려하는 문화를 만드는 데 기여할 것이다.

4.5 AI 네이티브 전환을 위한 실천 로드맵

개념적 이해를 넘어 실제적인 변화를 이끌어내려면, 리더들은 단계별 접근 전략이 필요하다. 다음 로드맵은 조직을 AI 네이티브로 전환하기 위한 구체적인 실행 계획과 성공 지표를 제시한다.

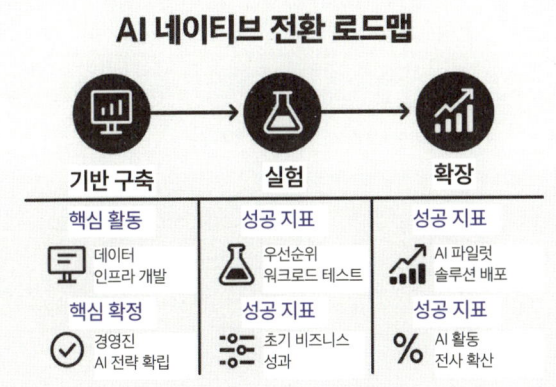

[그림 4-2] AI 네이티브 전환 로드맵

설명

'기반 구축', '실험', '확장'의 3단계 과정을 시간의 흐름에 따라 보여주는 타임라인 인포그래픽. 각 단계별 핵심 활동과 성공 지표를 명확한 아이콘과 함께 제시해 실용적인 가이드 역할을 한다.

[표 4-3] AI 네이티브 전환 로드맵

단계 (Phase)	핵심 활동 (Key Actions)	성공 지표 (Metrics for Success)
1단계: 기반 구축 (Foundation)	C-레벨 경영진 및 이사회의 전폭적인 지지 확보. AI 윤리 프레임워크 및 거버넌스 위원회 설립. 전사적 데이터 및 AI 성숙도 진단 실시.	AI 전략이 이사회 정기 안건으로 상정됨. AI 윤리 위원회 정기 운영. 성숙도 진단 결과 및 개선 계획 수립 완료.
2단계: 실험 (Experimentation)	단일 사업부 내에서 영향력이 큰 파일럿 프로젝트 착수. 안전한 '샌드박스' 환경을 제공해 자유로운 실험 장려. 전 직급 대상 기초 AI 리터러시 교육 시작.	측정 가능한 ROI를 달성한 파일럿 프로젝트 수. 샌드박스 환경 활성 사용자 수. 직원 AI 리터러시 평가 점수.
3단계: 확장 (Scaling)	인간-AI 협업을 중심으로 핵심 워크플로우 재설계. 스포티파이 모델과 같은 민첩한 조직 구조 도입. 대규모 업스킬링 및 리스킬링 프로그램에 투자.	AI에 의해 증강된 핵심 프로세스의 비율. 민첩한 팀으로 전환된 조직의 비율 직원 AI 기술 숙련도 및 자격증 취득률.

이 로드맵은 AI 전환이 일회성 프로젝트가 아니라, 리더십의 의지, 문화적 기반, 구조적 변화, 그리고 인재에 대한 지속적인 투자가 결합된 전사적인 여정임을 명확히 한다.

데이터 기반 실시간 의사결정 프로세스

데이터 기반 의사결정(Data-Driven Decision-Making, DDDM)은 비즈니스 의사결정을 내릴 때 직관 대신 데이터와 분석을 사용하는 것을 강조하는 접근 방식이다. 매일 4억 274만 테라바이트가 넘는 데이터가 생성되는 현대 사회에서, 이런 풍부한 데이터를 수집하고 처리하면 기업은 실시간 통찰력과 예측을 만들 수 있다. DDDM을 통해 기업은 성능을 최적화하고 새로운 전략을 테스트하며, 정보에 입각한 결정을 통해 지속 가능한 성장과 수익성을 확보할 수 있다. 이건 불확실성을 줄이고 의사결정의 신뢰성을 높이는 데 기여한다.

AI는 데이터 기반 의사결정을 한 단계 더 발전시켜 실시간 분석을 가능하게 한다. AI 기반 시스템은 데이터가 생성될 때 즉시 분석해서 즉각적인 통찰력을 제공하며, 스트리밍 분석, 실시간 대시보드 및 이벤트 처리를 활용해 사기 탐지, 실시간 재고 관리, 고객 지원 모니터링 등 다양한 분야에서 활용될 수 있다.

예를 들어, 온라인 쇼핑몰에서 고객이 상품을 클릭하는 순간 AI는 그 데이터를 분석해 맞춤형 추천 상품을 실시간으로 제안한다. 금융권에서는 이상 거래가 감지되는 즉시 AI가 경고를 보내 사기를 방지한다.

데이터 기반 의사결정에 사용되는 주요 데이터 분석 유형은 다음과 같다:

설명 분석(Descriptive Analytics)

과거 데이터를 설명하고 요약해서 과거 성과에 대한 통찰력을 제공한다. '무슨 일이 일어났는가?'에 답한다. 예를 들어, 지난달 매출액은 얼마였고, 어떤 제품이 가장 많이 팔렸는지 보여주는 것이다.

진단 분석(Diagnostic Analytics)

특정 이벤트가 발생한 이유를 파악하는 데 중점을 둔다. '왜 이런 일이 일어났는가?'에 답한다. 예를 들어, 지난달 특정 제품의 매출이 감소한 원인을 분석해 마케팅 캠페인 부족, 경쟁사 신제품 출시, 계절적 요인 등을 찾아내는 것이다.

예측 분석(Predictive Analytics)

과거 데이터를 기반으로 미래의 추세나 결과를 예측한다. 통계 모델링, 데이터 마이닝, 머신러닝을 활용하며, 금융, 헬스케어, HR, 마케팅, 공급망 등 다양한 산업에서 의사결정을 향상시킨다. '앞으로 무슨 일이 일어날 것인가?'에 답한다.

예를 들어, 다음 분기 매출액 예측, 특정 고객의 이탈 가능성 예측 등이 있다.

처방 분석(Prescriptive Analytics)

데이터에 기반해 조치를 권장하며, 예측 분석과 최적화 알고리즘을 결합해 최상의 행동 방침을 제안한다. '어떻게 해야 하는가?'에 답한다.

예를 들어, 예측된 매출 감소를 막기 위해 어떤 마케팅 전략을 언제, 누구에게 적용해야 하는지 구체적인 방안을 제시하는 것이다.

탐색 분석(Exploratory Analytics)

특정 가설 없이 데이터에서 패턴, 관계 또는 이상 현상을 발견하는 데 사용된다. 데이터의 숨겨진 의미를 찾아내는 과정이다.

추론 분석(Inferential Analytics)

데이터 샘플을 사용해 전체 모집단에 대한 추론을 수행한다. 통계적 유의미성을 판단하는 데 주로 사용된다.

정성적 분석(Qualitative Analytics)

개념, 의견 또는 경험을 이해하기 위해 비수치 데이터에 중점을 둔다. 고객 인터뷰, 설문조사 주관식 답변, 소셜 미디어 댓글 분석 등이 여기에 해당한다.

정량적 분석(Quantitative Analytics)

통계 분석, 수학적 모델링 및 계산 기법을 사용해 수치 데이터를 분석해서 변수를 정량화하고 패턴을 발견한다. 매출액, 클릭률, 전환율 같은 수치 데이터를 다룬다.

실시간 분석(Real-time Analytics)

데이터가 생성될 때 분석해서 즉각적인 통찰력을 제공한다. 이건 AI 기반 의사결정의 핵심으로, 즉각적인 대응이 필요한 분야에서 특히 중요하다.

데이터 기반 의사결정을 위한 올바른 도구와 인프라에 투자하는 것은 필수다. 여기에는 비즈니스 인텔리전스(BI) 도구, 클라우드 기반 데이터 웨어하우징 솔루션, 머신 러닝 및 AI 플랫폼(AutoML 같은 포괄적인 도구 포함), 데이터 통합 및 ETL(추출, 변환, 로드) 도구, 데이터 분석 및 시각화 도구, 빅 데이터 처리 프레임워크, 그리고 데이터 품질, 리니지 및 규정 준수를 관리하는 데이터 거버넌스 도구 등이 포함된다. MLOps 엔지니어는 머신러닝 모델의 배포, 모니터링 및 유지 보수를 관리해서 모델이 효율적으로 작동하고 필요에 따라 업데이트되도록 보장한다.

데이터 기반 문화를 구축하는 것은 단기적인 프로젝트가 아니라 장기적인 노력이 필요하다. 이걸 위해서는 성공을 측정할 올바른 KPI(핵심 성과 지표)를 선택하고, 과거 데이터를 조사해서 현실적인 목표를 설정하며, 조직이 데이터에 접근하고 분석하는 데 필요한 새로운 기술을 찾아내야 한다.

또 데이터 관리자를 지정해서 정확한 데이터를 보장하고 조직에 적절한 접근 권한을 제공할 책임을 지도록 해야 한다. 직원들의 데이터 해독 능력(Data Literacy) 계획을 개발해서 데이터의 의미와 비즈니스 차트 및 그래픽을 읽는 방법을 이해하도록 하는 것도 중요하다.

궁극적인 목표는 데이터를 '실행 가능한 통찰력'으로 바꾸는 것이며, 이걸 위해 필요한 도구 확보, 데이터 접근성 확보, 팀의 데이터 시각화 이해, 그리고 데이터 과학자 고용 또는 내부 역량 구축을 고민해야 한다.

AI 기반 실시간 의사결정은 '예측'을 넘어 '선제적 대응'의 시대를 연다. AI가 '실시간 분석'을 통해 '즉각적인 통찰력'을 제공한다는 점은 과거 데이터를 분석해서 미래를 '예측'하는 수준을 넘어, 현재 발생하고 있는 상황에 대해 즉각적으로 반응하고 '선제적으로 대응'할 수 있는 능력을 기업에 부여한다. 이런 실시간 대응 능력은 3.3장에서 AI 네이티브 기업의 특성으로 언급된 '전략보다 빠른 실행 중시'와 '놀라운 성장 속도'의 핵심 기반이 된다.

실시간 데이터와 AI의 결합은 의사결정 주기를 극단적으로 단축시켜 시장 변화에 대한 반응 속도를 압도적으로 높이는 것이다. 궁극적으로 AI 기반 실시간 의사결정은 기업이 불확실한 환경에서 위험을 최소화하고 기회를 극대화하는 데 필수적인 역량이다. 이건 단순히 데이터를 많이 모으는 것을 넘어, 데이터를 실시간으로 분석하고 AI를 통해 실행 가능한 통찰력으로 바꾸는 시스템과 문화를 구축하는 것이 중요하다는 것을 의미한다.

단계별 AI 전환 전략 로드맵

AI 중심 조직으로의 전환은 단순한 기술 도입을 넘어선 회사

전체의 혁신이므로, 체계적인 단계별 로드맵을 세우는 것이 필수적이다. 기존 디지털 전환(DX)의 주요 단계를 AI 전환에 맞게 적용해서 로드맵을 구축할 수 있다.

발견 단계

AI 전환의 가장 기본적인 단계로, 기업의 목표 달성을 방해하는 기존 프로세스, AI 전환을 추진하려는 이유, 그리고 AI 전환 이니셔티브를 통해 달성하고자 하는 구체적인 목표를 파악해야 한다.

AI 전환의 경우, AI를 통해 해결하고자 하는 핵심 비즈니스 문제와 새로운 기회 영역을 식별하는 데 집중한다. 예를 들어, 고객 이탈률을 줄이거나, 신제품 개발 기간을 단축하거나, 생산 공정의 불량률을 낮추는 것 같은 구체적인 목표를 설정하는 것이다. 이 단계에서는 현업 부서와의 심층 인터뷰, 데이터 분석을 통한 문제점 파악, 그리고 AI 도입 시 예상되는 효과에 대한 가설 수립이 중요하다.

AI 비전 수립

AI 전환이 기존 프로세스와 어떻게 연결되고, 원하는 비즈니스 결과를 달성하는 데 어떻게 기여할 것인지 명확히 정의해야 한다. 수립된 비전은 AI 투자 우선순위를 선정하는 데 중요한 지침이 된다. 'AI를 통해 고객에게 초개인화된 경험을 제공하는 리테일 기업이 된다'거나, 'AI 기반의 스마트 팩토리로 생산 효율을 30% 높인다'와 같은 구체적이고 측정 가능한 비전을 세워야 한다. 이 비전은 단순히 기술 도입을 넘어 기업의 미래 방향성을 제시해야 한다.

AI 성숙도 평가

기업이 현재 AI 및 디지털 기술을 어느 정도 활용하고 있는지, 추가적인 기술 투자를 통해 혜택을 받을 수 있는 분야는 어디인지, 그리고 새로운 AI 기술을 성공적으로 통합할 수 있는 잠재력은 어느 정도인지 등을 파악해야 한다. 이 평가 결과를 바탕으로 AI 전환 이니셔티브의 현실적인 속도와 목표를 설정한다. 데이터 인프라, AI 모델 개발 역량, AI 인재 보유 현황, 조직 문화의 유연성 등을 종합적으로 평가해야 한다.

역량 격차 파악

기업은 기존 AI 인프라, 데이터 파이프라인, AI 인재 역량 등에서 어떤 격차가 있는지를 파악하고, 해당 격차를 메울 수 있는 최적의 기술과 솔루션을 선택해야 한다. 가능한 경우 사람,

프로세스, 도구, 데이터를 모두 통합할 수 있는 플랫폼을 활용한 모델을 개발하는 것이 효과적이다.

예를 들어, 데이터 파이프라인이 부족하다면 클라우드 기반의 데이터 웨어하우스나 데이터 레이크 솔루션을 도입하고, AI 인재가 부족하다면 외부 전문가 영입이나 내부 인력 재교육 프로그램을 마련해야 한다.

전환 로드맵 구축

AI 전환 이니셔티브를 달성하기 위한 구체적인 마일스톤이 나열된 전략적 계획을 수립한다. 이 로드맵은 명확하게 정의되어야 하지만, 진행 과정에서의 돌발 상황을 수용하고 위험 및 비용을 최소화할 수 있을 정도의 유연성을 함께 갖춰야 한다.

또 프로젝트 진행 중 또는 완료 후에 우선순위가 변경될 가능성, 새로운 기술의 출현 등을 예상한 내용이 포함되어야 한다. 단기적인 파일럿 프로젝트부터 시작해서 점진적으로 범위를 확장하는 애자일(Agile) 방식의 접근이 효과적이다.

클라우드 애플리케이션 고려

AI 전환의 목표, 제약 조건, 교체 또는 유지해야 할 레거시 시스템 등은 기업마다 다르지만, 클라우드 애플리케이션을 우선적으로 고려하는 것은 일반적으로 현명한 선택이다. 클라우드 애플리케이션은 상대적으로 확장 및 축소가 간단하고, 새로운 기능이 정기적으로 업데이트되며, 전문 공급업체에서 관리 및 보안을 담당하고, 특히 통합 제품군의 일부로 제공되는 경우 데이터 공유가 쉽기 때문이다. AI 모델 학습에 필요한 막대한 컴퓨팅 자원을 유연하게 확보할 수 있다는 점도 클라우드의 큰 장점이다.

국가 차원의 산업 AI 내재화 전략은 기업의 AI 전환 로드맵 수립에 중요한 시사점을 제공한다. AI 내재화와 공급 산업 육성을 연계해서 공급 기업이 수요 기업의 디지털 전환을 이끌고 서로의 경쟁력을 강화하는 '윈-윈(Win-Win)' 전략이 필요하다.

또 수요 기업의 AI 활용 역량을 강화하기 위해 산업 AI 융합 인력 양성과 AI 투자 확대 지원이 이루어져야 한다. 민간 주도의 DX 생태계 조성을 위해 기업에 원스톱 지원 체계를 구축하고 산업 데이터 활용을 촉진하는 것도 중요하다.

AI 기술이 산업 전반에 확대되기까지는 다소 시간이 걸리며, AI 활용 조직의 변화(노동자, 조직 구조, 비즈니스 모델 등)와 일정한 임계수준에 이를 때까지 지속적인 투자가 필요하다.

AI 전환 로드맵은 '기술 도입'을 넘어 '조직 전체의 체질 개선'을 목표로 해야 한다. 디지털 전환 단계는 기술 도입뿐만 아니라 '비전 수립', '성숙도 평가', '역량 격차 파악' 등 조직 내부의 역량과 전략적 방향성을 강조한다.

AI 내재화를 위해 '조직의 변화 필요'와 '지속적인 투자'를 언급하는 것은 AI 전환이 단순히 IT 부서의 과제가 아니라, 기업 전체의 비즈니스 모델, 조직 구조, 인력 역량을 아우르는 전사적 체질 개선임을 시사한다.

4.1장에서 언급된 'AI 퍼스트 철학'과 '조직 구조의 전환'은 이런 단계별 로드맵의 핵심 목표가 된다. 로드맵은 단순히 기술을 심는 것이 아니라, AI가 자연스럽게 작동하고 가치를 만들어낼 수 있는 조직의 '토양'을 만드는 과정이다.

성공적인 AI 전환을 위해서는 기술적 해결책 도입에 앞서, 기업의 현재 AI 성숙도를 정확히 진단하고, 명확한 AI 비전을 수립하며, 이걸 달성하기 위한 단계별 로드맵을 수립해야 한다. 이 과정에서 조직 문화와 인재 역량 강화가 함께 이루어져야 하며, 이건 장기적인 관점에서 기업의 지속 가능한 성장을 위한 필수적인 투자다.

5장
AI 네이티브 리더십과 인재 전략

지금까지 우리는 AI 네이티브 기업의 기술적 기반과 조직적 청사진을 살펴보았다. AI 중심의 비즈니스 모델, 데이터 해자, 그리고 스포티파이 모델과 같은 민첩한 조직 구조는 성공적인 전환을 위한 필수적인 뼈대다.

하지만 아무리 정교한 기술과 혁신적인 조직이라도, 그것을 살아 숨 쉬게 만드는 것은 결국 사람이다. 최첨단 AI 플랫폼은 잘못된 질문 앞에서는 무용지물이며, 자율적인 팀은 방향을 제시하는 리더 없이는 표류하게 된다.

따라서 AI 네이티브로의 전환은 기술 도입을 넘어, 리더십의 근본적인 재정의와 새로운 인재상에 대한 깊은 고찰을 요구한다. 이 장에서는 AI라는 강력한 엔진을 올바르게 조종할 새로운 시대의 리더는 누구이며, 이들과 함께 미래를 만들어 갈 인재는 어떤 역량을 갖추어야 하는지에 대해 탐구한다.

5.1 새로운 리더십: '모든 것을 아는 자'에서 '모든 것을 배우는 자'로

인공지능(AI)이 빠르게 업무 환경을 바꾸면서 리더십 계층 간의 인식 차이가 명확히 드러난다. 글로벌 리더십 컨설팅 회사 DDI의 보고서에 따르면, 일선 관리자들은 고위 리더들보다 AI의 영향에 대해 3배 더 우려하는 것으로 나타났다. 이는 AI 시대에 리더의 역할 변화가 시급함을 보여준다. AI는 리더의 의미를 변화시키고 있으며, 리더는 직장 내 각 사람의 역할과 가치를 그 어느 때보다 깊이 이해해야 한다. 이는 인간의 직관과 AI 자동화, 공감과 기계 논리, 그리고 이 둘의 궁극적인 비용의 중요성을 이해하는 것을 의미한다.

인간의 직관은 경험과 감성 지능에서 나오며 복잡한 상황을 인지하고, 다른 사람과 공감하며, 변하는 상황에 적응하도록 돕는다. 반면 AI는 패턴을 식별하고, 데이터 기반 통찰력을 제공하며, 인간보다 더 효율적으로 방대한 정보를 처리할 수 있다. AI 시대의 리더는 이러한 인간과 AI의 시너지를 극대화하는 데 초점을 맞춰야 한다.

AI 네이티브 시대의 리더는 더 이상 모든 정답을 가진 지시형 리더가 아니다. 오히려, 더 나은 질문을 던지는 탐구가(explorer)에 가깝다. 마이크로소프트의 CEO 사티아 나델라(Satya Nadella)는 이러한 변화를 상징하는 인물이다.

그는 "전통은 존중하지 않는다. 오직 혁신만을 존중한다"고 말하며, '모든 것을 아는(know-it-all)' 문화에서 '모든 것을 배우는(learn-it-all)' 문화로의 전환을 이끌었다. 나델라에게 AI는 인간을 대체하는 기술이 아니라 "인간의 독창성을 증강시키는(augmenting human ingenuity)" 도구다.

이러한 리더는 기술과 사람 사이의 간극을 해석하고, 복잡한 맥락 속에서 의미를 찾아내는 '의미의 중개자(meaning broker)' 역할을 수행한다. AI가 내놓은 데이터 기반의 결론을 맹목적으로 수용하는 대신, "이 데이터는 편향되지 않았는가?", "이 결정이 놓치고 있는 맥락은 무엇인가?"와 같은 비판적인 질문을 던져야 한다.

AI 시대의 리더는 다음과 같은 새로운 역할을 수행해야 한다

아이디어 평가자

AI 및 사람이 만든 아이디어의 품질을 검증하고 최적의 안을 채택하는 역할을 한다. AI가 수많은 아이디어를 생성할 수 있지만, 그중에서 실제 비즈니스 가치를 창출할 수 있는 아이디어를 선별하고, 인간적인 통찰력을 더해 실행 가능한 계획으로 만드는 것은 리더의 몫이다.

가능성 촉진자

AI는 혁신의 문을 여는 촉매제로서, AI로 새로운 가능성을 발굴하고 실험을 장려해야 한다. 리더는 "AI로 무엇을 해볼 수 있을까?"라는 질문을 팀원들과 함께 고민하며 파일럿 프로젝트를 장려하는 혁신 코치가 되어야 한다.

포브스(Forbes)의 연구에 따르면, 리더는 개방형 혁신 문화를 조성해서 직원들이 AI를 실험하고 경험을 공유하도록 이끌어야 하며, 이를 통해 AI에 대한 두려움을 극복하고 창의적 활용을 확대할 수 있다. 예를 들어, 글로벌 물류기업 DHL은 현장 직원의 제안을 받아들여 AI 드론 재고관리 시스템 파일럿을 진행한 결과, 재고 검수 시간이 50% 이상 줄어드는 성과를 얻었다.

불확실성 매퍼(mapper)

AI 시대 직원들은 급변하는 AI 기술 흐름에서 뒤처질까 우려하거나 자신의 기술이나 일자리가 쓸모없어질까 걱정하는 두 가지 주요 불안을 경험한다. 리더는 이러한 불안을 관리하고 구체적인 변화 예측과 대응 계획을 제시하며 심리적 안전지대를 만들어야 한다. "AI 도입으로 우리 업무 중 A와 B 부분이 자동화될 수 있지만, 여러분은 C와 D에 더 집중하게 될 것"과 같은 구체적인 청사진을 제시하는 것이 중요하다. 또한 AI에 대한 과대광고나 지나친 공포 시나리오가 퍼질 수 있으므로, 이를 분별하고 사실에 기반한 현실적 전망을 제공하는 역할도 중요하다.

조직 디자이너

최적의 인간-AI 협업 구조를 설계하는 역할도 리더의 중요한 임무다. AI가 효율성을 높이는 역할을 한다면, 인간은 어떤 역할에 집중해야 하는지, 그리고 이 둘이 어떻게 유기적으로 연결되어 시너지를 낼 수 있는지 조직 구조를 재설계해야 한다. 이는 단순히 기술 부서만의 문제가 아니라, 전사적인 관점에서 접근해야 할 문제다.

이러한 변화 속에서 '질문형 리더십'의 중요성이 부각된다. "질문을 잘하는 사람이 결국 더 잘 일하고, 더 빠르게 성장한다"

는 명제가 AI 시대에 더욱 중요해졌다. AI를 활용한 전략적 사고, 그리고 질문으로 업무를 구조화하는 '실전 지능형 사고 설계서'가 필요하다. 이제는 '대답'을 잘하는 사람이 아니라 '질문을 잘 디자인하는 사람'이 승자가 되는 세상이다. 질문은 리더십이고, 문화이며, AI와 함께 성장하기 위한 경쟁력이다.

하지만 질문 문화를 조성하는 데는 과제가 따른다. 많은 사람들이 스스로 창의적이지 않다고 생각하고, 회의에서 쓸데없는 말을 해서 손해 보지 않으려 하는 등 질문에 대한 부정적인 인식이 존재한다. 리더는 이러한 문화적 장벽을 허물고 질문을 개인의 사고 도구이자 조직의 협업 언어로 만들어야 한다. 리더가 먼저 솔선수범해서 질문을 던지고, 팀원들의 질문을 경청하며, 질문을 통해 새로운 아이디어를 발굴하는 분위기를 조성해야 한다.

AI 시대 리더십은 '정답 제시'에서 '질문 설계'로, '통제'에서 '가능성 촉진'으로 진화한다. 전통적인 리더는 지시하고 정답을 제시하는 역할이었다.

하지만 AI 시대에는 "질문을 잘 디자인하는 사람이 승자"라고 말하며, 리더의 역할을 '가능성 촉진자'와 '불확실성 매퍼'로 정의한다. 이는 AI가 정보 처리와 정답 생성을 담당하게 되면서, 리더의 역할이 '무엇을 해야 하는가'를 묻고, '어떻게 새로운 것을 시도할 것인가'를 탐색하는 방향으로 변화함을 보여준다.

5.1장에서 나타난 리더십 계층 간 AI 인식 차이는, 고위 리더들이 AI의 잠재력을 충분히 이해하고 '가능성 촉진자' 역할을 수행하지 못할 경우, 일선 직원들의 불안감이 해소되지 않고 혁신이 저해될 수 있음을 시사한다.

따라서 리더의 변화는 조직의 AI 전환 성공에 필수적인 선행 조건이다. AI 시대의 리더는 더 이상 모든 답을 아는 사람이 아니라, 올바른 질문을 던지고, 팀원들이 AI와 협력해서 스스로 답을 찾아가도록 돕는 코치이자 촉매자가 되어야 한다. 이는 조직 내 심리적 안전감을 조성하고, 실패를 두려워하지 않는 실험 문화를 구축하는 데 핵심적인 역할을 한다.

5.2 질문 기반 리더의 탄생

Software 3.0 시대에는 결과물의 질이 프롬프트의 질에 의해 결정되듯, 조직의 성과는 리더가 던지는 질문의 질에 의해 좌우된다. '질문 지능(question intelligence)'은 AI 시대 리더의 핵심 역량이 된다. 리더는 다음과 같은 질문을 통해 조직의 방향을 설정하고 혁신을 촉진해야 한다.

본질에 대한 질문
"우리는 왜 존재하는가? 우리의 핵심 목적은 무엇인가?"

가능성에 대한 질문
"우리가 가진 기술로 완전히 다른 문제를 해결할 수는 없을까?"

관점에 대한 질문

"고객이나 경쟁자는 이 상황을 어떻게 보고 있는가?"

가치에 대한 질문

"이 기술은 인류에게 어떤 선한 영향을 줄 수 있는가?"

"이 기술이 의도치 않게 초래할 수 있는 부정적인 결과는 무엇이며, 이를 어떻게 예방하거나 최소화할 수 있는가?"

"우리가 만든 기술이 사회의 특정 집단에게 불이익을 주거나 기존의 불평등을 심화시키지는 않는가?"

"이 기술이 우리의 핵심 가치 및 장기적인 비전과 어떻게 부합하는가?"

"우리의 AI 시스템이 내리는 결정을 사용자와 사회가 어떻게 신뢰할 수 있게 만들 것인가? 투명성과 설명 가능성을 어떻게 확보할 것인가?"

"이 기술이 인간의 자율성과 선택의 자유를 침해하지는 않는가, 오히려 증진시키는가?"

이처럼 정답을 요구하는 대신 탐구를 유도하는 질문을 던지는 리더십이 조직의 창의성과 적응력을 깨우는 열쇠가 된다.

5.3 교육 시스템의 변화: AI 네이티브를 기르는 법

AI 네이티브 인재를 길러내기 위해서는 기업의 노력만으로는 부족하다. 교육 시스템의 근본적인 변화가 필요하다. 정답 암기 위주의 교육에서 벗어나, 학생들이 스스로 문제를 정의하고, AI와 협력하여 창의적인 해결책을 찾는 역량을 키워주는 방향으로 전환되어야 한다.

초중등 교육

코딩 교육을 넘어, AI의 작동 원리를 이해하고 비판적으로 사용하는 'AI 리터러시'와 데이터 윤리 교육을 필수 교과 과정에 포함시켜야 한다.

고등 교육

전공과 관계없이 모든 학생이 데이터 분석과 AI 활용 능력을 기초 소양으로 갖추도록 하고, 여러 학문을 융합하는 프로젝트 기반 학습을 확대해야 한다. 이는 단순히 교양 과목으로 코딩을 추가하는 수준을 넘어서야 한다. 이를 위해 학과 간의 벽을 허무는 융합 전공과 나노 디그리(Nano Degree) 제도를 활성화하고, 기업과의 산학 협력을 통해 실제 산업 현장의 문제를 해결하는 경험을 제공해야 한다.

평생 교육

급격한 기술 변화에 맞춰 누구나 언제든 새로운 기술을 배우고 직업을 전환할 수 있도록, 정부와 기업이 지원하는 유연하고 개방적인 평생 학습 시스템을 구축해야 한다.

이는 기업이 직원의 재교육, 즉 '리스킬링(Reskilling)'을 비용이 아닌 핵심적인 투자로 인식하는 것에서 출발한다.

정부는 세제 혜택이나 바우처 제도를 도입하고, AI 기반의 개인화된 학습 플랫폼을 통해 기술을 맞춤형으로 습득할 수 있는 환경을 조성해야 한다. 또한, 다양한 형태의 학습 모델을 사회적으로 인정하고 확산시켜 학습이 일과 삶에 자연스럽게 통합되는 문화를 만들어야 한다.

5.4 새로운 인재상: I자형, T자형을 넘어 M자형 인재로

리더십의 변화는 조직이 필요로 하는 인재상의 변화로 이어진다. 시대에 따라 요구되는 인재 모델은 다음과 같이 진화해왔다. AI 시대에는 기존과는 다른 새로운 인재상이 필요하다. 이상적인 인재는 깊이 있는 전문 지식과 함께 다양한 분야의 지식을 습득하고 융합하는 넓은 이해를 지닌 'T자형 인재'로 묘사된다.

I자형 인재

산업화 시대에 요구되었던 인재로, 하나의 분야에 깊은 전문성(Depth)을 가진 전문가다.

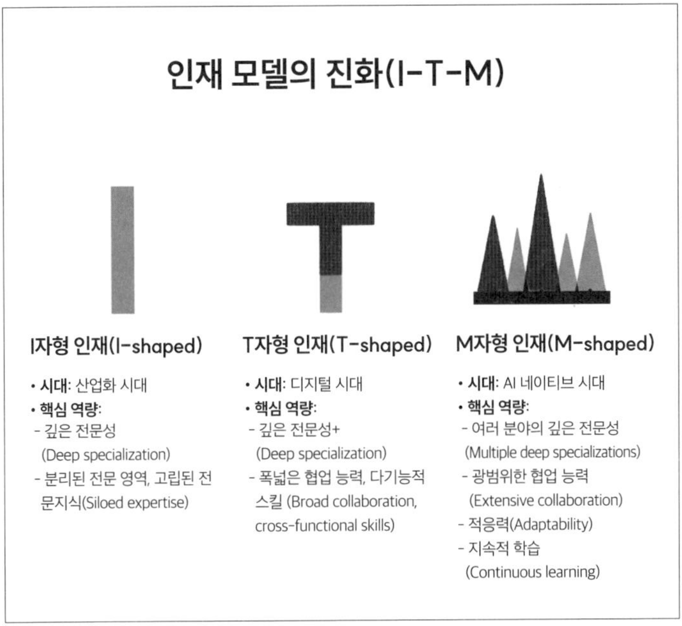

인재 모델의 진화(I-T-M)

I자형 인재(I-shaped)
- **시대**: 산업화 시대
- **핵심 역량**:
  - 깊은 전문성
    (Deep specialization)
  - 분리된 전문 영역, 고립된 전문지식(Siloed expertise)

T자형 인재(T-shaped)
- **시대**: 디지털 시대
- **핵심 역량**:
  - 깊은 전문성+
    (Deep specialization)
  - 폭넓은 협업 능력, 다기능적 스킬(Broad collaboration, cross-functional skills)

M자형 인재(M-shaped)
- **시대**: AI 네이티브 시대
- **핵심 역량**:
  - 여러 분야의 깊은 전문성
    (Multiple deep specializations)
  - 광범위한 협업 능력
    (Extensive collaboration)
  - 적응력(Adaptability)
  - 지속적 학습
    (Continuous learning)

[그림 5-1] 인재 모델의 진화(I-T-M)

깊이(I자)

AI 기술이 발전하더라도 특정 분야에 대한 전문성은 여전히 중요하다. 개인은 자신의 핵심 역량을 강화하고 전문성을 지속적으로 심화해야 한다. 이는 마치 칼날을 날카롭게 유지하는 것에 비유될 수 있다. 특정 산업 분야에 대한 깊이 있는 이해나, 특정 기술 스택에 대한 숙련도는 AI가 대체하기 어려운 인간 고유의 자산이 된다.

T자형 인재

디지털 시대에 중요해진 인재는 깊은 전문성(세로축)과 함께 다양한 분야를 이해하고 협업할 수 있는 폭넓은 지식(가로축)을 겸비한 인재다.

넓이(T자 가로줄)

AI 기술 자체에 대한 이해는 물론, 데이터 분석 능력, 디지털 리터러시, 창의적 사고, 문제 해결 능력, 소통 및 협업 능력 등 다양한 분야의 지식을 습득하고 융합하는 능력이 필요하다. 이는 다양한 레고 블록을 조립해서 새로운 걸작을 만드는 것에 비유되며, 혁신적인 아이디어를 위해 다양한 지식 세트를 결합하는 능력을 강조한다.

예를 들어, 마케터가 AI 도구를 활용해서 데이터를 분석하고, 그 결과를 바탕으로 창의적인 캠페인 전략을 세우며, 개발팀과 협업해서 새로운 기능을 구현하는 과정 자체가 넓이의 역량을 보여주는 것이다.

M자형 인재

AI 네이티브 시대가 요구하는 새로운 인재상이다. M자형 인재는 T자형 인재의 두 기둥에 인간성(Humanity)이라는 세 번째 기둥을 더한 형태다. 즉, 깊이 있는 전문성(Mastery), 다학제적 협업 능력(Multidisciplinary Collaboration), 그리고 인간성(Mankind/Humanity)을 모두 갖춘 인재를 의미한다. 여기서 인간성이란 공감 능력, 윤리적 판단력, 비판적 사고, 그리고 목적 기반의 리더십과 같은 AI가 대체할 수 없는 고유한 인간적 역량을 말한다.

이러한 T자형 인재론 외에도, AI 시대에 필수적인 역량으로 다음 세 가지가 꼽힌다:

호기심과 배움에 대한 열정

AI 시대에 가장 강력한 질문을 던질 수 있는 열쇠는 호기심이다. AI는 언어 번역이나 프레젠테이션 개요 작성 같은 작업에서 효율성을 크게 높일 수 있지만, 그 효과는 AI가 받는 질문의 질에 직접적으로 연결된다. 호기심이나 배움의 의지가 없는 사람은 AI를 완전히 활용할 수 없다.

좋은 질문을 던지고 AI의 답변을 비판적으로 판단하는 능력이 매우 중요해진다. 끊임없이 배우고 새로운 것을 탐구하려는 태도가 없으면 AI의 발전 속도를 따라잡기 어렵다.

원활하게 소통할 수 있는 '소프트 스킬'

사람들에게 영향을 미치는 힘은 공감과 소통에서 비롯된다. 공감, 도덕성, 소통 능력 같은 소프트 스킬이 중요해진다. 과거에는 기술적 능력이나 전문 지식 같은 하드 스킬이 주로 평가되었지만, 이제는 하드 스킬을 기본으로 하고 뛰어난 소프트 스킬을 가진 인재를 찾는 경향이 강해졌다. AI가 아무리 똑똑해도 인간적인 관계를 구축하고 팀원들과 협력해서 복잡한 문제를 해결하는 능력은 인간 고유의 영역이기 때문이다.

심리학 관점을 바탕으로 문제 해결력을 갖춘 융합형 인재

갈수록 복잡해지는 사회에서 기업이나 개인이 경쟁력을 유지하기 위해서는 '융합'이 중요하다. 심리적 통찰력은 가장 중요하게 꼽는 요소 중 하나로, 정서 조절과 감성 지능이 직무 성과에 기여한다는 연구 결과도 있다. AI와 협력해서 창의적이고 독특한 문제 해결 능력을 갖추는 것이 필수적이다. 이는 단순히 기술적인 지식만으로는 해결할 수 없는 인간 중심의 문제를 이해하고 해결하는 능력을 말한다.

또한, AI는 방대한 정보를 처리하고 답을 빠르게 제공하지만, 스스로 질문을 하거나 새로운 문제를 정의하는 능력은 부족하다. 따라서 인간의 경쟁 우위는 예리한 질문을 던지고, AI가

놓칠 수 있는 맥락을 이해하며, 새로운 가능성을 탐색하는 데 있다. AI가 '어떻게(How)'를 잘한다면, 인간은 '무엇을(What)', '왜(Why)', '무엇을 위해(For What)'를 질문해야 한다.

AI 시대 인재는 '지식 습득'을 넘어 '지식 활용 및 창조'에 능숙한 '초연결형 인간'이 되어야 한다. 필자도 'Trust Connector'라는 'Identity'와 '신뢰의 연결'이라는 철학을 가지고 있다.

'T자형 인재' 개념은 깊이 있는 전문성과 넓은 융합 능력을 요구하며, 여기에 '호기심', '소프트 스킬', '심리적 통찰력', '질문 능력'이 더해진다. 이는 AI가 정보 습득과 처리의 부담을 줄여주면서, 인간은 그 정보를 활용해서 새로운 질문을 던지고, 복잡한 문제를 해결하며, 인간적인 관계 속에서 가치를 만들어내는 역할로 진화함을 보여준다. 2.3장에서 AI가 반복 업무를 자동화하고 인간이 창의성과 감성 지능 역할로 이동한다는 점은 5.2장의 새로운 인재상과 직접적으로 연결된다. AI가 '무엇'을 할지 알려주는 시대가 아니라, 인간이 '왜' 해야 하는지, '어떻게' AI와 협력해서 새로운 것을 만들지 질문하고 주도하는 능력이 중요해진다.

궁극적으로 AI 시대의 인재는 단순히 AI 기술을 아는 것을 넘어, AI를 활용해서 자신의 전문성을 심화하고, 다양한 분야를 연결하며, 인간 고유의 역량으로 복잡한 문제를 해결하고 새로운 가치를 만들어내는 '초연결형 인간'이 되어야 한다. 이는 교육

[표 5-1] AI 시대 핵심 인재 역량

역량 구분	세부 내용	시사점
전문성(깊이)	특정 분야에 대한 깊이 있는 지식과 핵심 역량 지속 심화	AI 시대에도 변하지 않는 개인의 핵심 가치
융합 능력(넓이)	AI 기술 이해, 데이터 분석, 디지털 리터러시, 창의적 사고, 문제 해결, 소통 및 협업 능력 등 다양한 분야의 지식 융합	새로운 가치 창출을 위한 필수 역량, T자형 인재의 핵심
호기심/학습 열정	AI 활용의 질을 높이는 강력한 질문 능력, 끊임없이 배우고 발전하려는 의지	AI 시대의 가장 중요한 학습 동력 및 성장 열쇠
소프트 스킬(소통/공감)	공감, 도덕성, 원활한 소통 능력 등 인간적 유대 형성 능력	AI가 대체할 수 없는 인간 고유의 영향력, 협업의 기반
심리적 통찰력	복잡한 사회 문제 해결을 위한 심리학적 관점, 정서 조절 및 감성 지능	융합형 인재의 핵심, 인간 이해 기반의 문제 해결
질문 능력	AI가 답할 수 없는 새로운 문제 정의, 맥락 이해, 가능성 탐색	AI 시대 인간의 경쟁 우위, 혁신과 성장의 출발점

시스템과 기업의 인재 육성 전략에 근본적인 변화를 요구한다.

이 표는 독자가 스스로의 역량을 진단하고 개발 방향을 설정하는 데 실질적인 가이드를 제공한다. 특히 '깊이'와 '넓이'의 조화, 그리고 '질문 능력' 같은 인간 고유의 역량을 명확히 제시함으로써, 기술 변화 속에서도 인간의 역할이 어떻게 진화하고 중요해지는지 강조하는 데 효과적이다.

5.5 기업의 인재 전략: 리스킬링(Reskilling)이 핵심이다

AI 시대에 필요한 M자형 인재를 외부에서 모두 충원하는 것은 불가능하며 비효율적이다. 따라서 기업의 가장 중요한 전략은 기존 인력을 미래에 필요한 인재로 재교육하는, 즉 '리스킬링'에 대대적으로 투자하는 것이다. 이미 많은 글로벌 기업들이 이를 핵심 전략으로 삼고 있다.

AT&T의 'Future Ready' 프로그램

AT&T는 10억 달러를 투자하여 10만 명의 직원을 미래 직무에 맞게 재교육하는 대규모 리스킬링 프로젝트를 진행했다. 이들은 코세라(Coursera), 유다시티(Udacity)와 같은 온라인 교육 플랫폼과 협력하여 직원들이 새로운 기술을 습득하도록 지원했다.

워크데이(Workday)의 AI 기반 HR

HR 솔루션 기업인 워크데이는 자사의 AI 플랫폼 'Skills Cloud'를 활용하여 직원들의 스킬 갭을 파악하고, 개인화된 학습 경로와 사내 이동 기회를 추천한다. 이를 통해 HR 부서가 단순 관리 조직에서 전략적인 인재 육성 조직으로 변모하고 있다.

액센추어(Accenture)의 '런밴티지(LearnVantage)': 액센추어는 3년간 10억 달러를 투자하여 고객사와 직원들에게 AI, 클라우드 등 최신 기술 교육을 제공하는 'LearnVantage' 비즈니스를 출범시켰다. 이를 위해 유다시티(Udacity)와 같은 교육 기술 기업을 인수하며 역량을 강화하고 있다.

이러한 사례들은 리스킬링이 더 이상 HR 부서의 부수적인 활동이 아니라, 기업의 생존과 성장을 좌우하는 최고 경영진의 핵심 전략 과제임을 보여준다.

AI 시대에 '미래 보장형' 기술은 특정 도구를 다루는 능력이 아니다. 기술 환경이 매달 바뀌는 상황에서 특정 기술은 금방 구식이 될 수 있다.

진정으로 중요한 것은 불확실한 환경 속에서도 목표를 향해 나아가되, 방법론에 있어서는 유연함을 잃지 않는 '적응적 끈기(Adaptive Persistence)'다.

AI는 정의된 문제를 푸는 데는 뛰어나지만, 모호하고 변화무쌍한 장기적 목표를 추구하는 데는 약하다. 바로 이 지점에서 인간의 적응적 끈기가 빛을 발한다. 이는 끊임없이 배우고, 새로운 도구에 적응하며, 실패를 두려워하지 않고 계속 나아가는 태도 그 자체이며, AI와 효과적으로 파트너십을 맺기 위한 가장 본질적인 인간의 역량이다.

PART 3
AI 네이티브 시대의 사회적 변화와 미래 전망

6장
AI 네이티브 사회의 새로운 모습

AI 기술의 발전은 더 이상 먼 미래의 이야기가 아닌, 우리 삶과 사회 구조 전반을 근본적으로 재편하는 현재의 동력이다. 이 거대한 변화의 핵심은 AI가 인간의 역할을 단순히 대체하는 기계적 존재를 넘어, 인간의 지성과 창의성을 보완하고 증강시키는 '증강 지능(Augmented Intelligence)'의 시대로 진화하고 있다는 점에 있다.

따라서 AI 네이티브 사회의 미래상은 '인간 대 기계'라는 이분법적 대결 구도가 아니라, '인간과 기계'가 각자의 강점을 바탕으로 시너지를 창출하는 유기적인 공존의 패러다임을 형성하는 데 있다.

이 장에서는 인간과 AI의 새로운 관계, 즉 '켄타우로스(Centaur) 모델'을 중심으로 일자리 구조의 지각 변동, AI 격차라는 새로운 사회적 과제, 그리고 개인화된 AI 에이전트가 가져올 삶의 혁신과 그 이면의 딜레마를 심층적으로 탐색한다.

6.1 인간과 AI의 공존: 켄타우로스 모델의 심화

AI와 인간의 이상적인 협력 모델을 설명하는 가장 탁월한 비유는 신화 속 반인반마에서 이름을 딴 '켄타우로스(Centaur) 모델'이다. 이는 인간의 고유한 능력인 직관, 비판적 사고, 창의성, 그리고 윤리적 판단력이 AI의 초인적인 데이터 처리, 패턴 인식, 분석 능력과 유기적으로 결합하여 단독으로는 이룰 수 없는 시너지를 창출하는 협업 형태를 의미한다.

AI는 인간의 인지적 한계를 보완하는 강력한 도구로서, 방대한 비정형 데이터를 순식간에 분석하고 복잡한 상관관계 속에서 인간이 미처 발견하지 못했던 통찰을 제공한다. 인간은 AI가 정제하고 분석한 정보를 바탕으로 더 빠르고 정확하며, 전략적으로 깊이 있는 결정을 내릴 수 있게 된다.

이러한 켄타우로스 모델의 개념은 체스 세계에서 그 원형을

[그림 6-1] 켄타우로스 모델의 실제 사례

찾을 수 있다. 1997년 IBM의 딥 블루가 당시 세계 챔피언이었던 가리 카스파로프를 꺾은 사건은 '인간 대 기계'의 대결 구도를 상징했지만, 카스파로프는 이후 '어드밴스드 체스(Advanced Chess)'라는 새로운 형식을 제안했다. 이는 인간과 컴퓨터가 한 팀을 이루어 대결하는 방식으로, 놀랍게도 최강의 슈퍼컴퓨터나 최고의 그랜드마스터가 아닌, '평범한 인간과 적절한 성능의 컴퓨터' 조합이 우승하는 결과로 나타났다.

이는 인간의 직관적 전략과 컴퓨터의 정밀한 계산 능력이 결합될 때 가장 강력한 힘을 발휘한다는 것을 증명한 사례로, 켄타우로스 모델의 본질을 명확히 보여준다.

켄타우로스 모델은 이미 우리 사회 곳곳에서 다양한 형태로 현실화되며 그 가치를 입증하고 있다.

분야별 켄타우로스 모델 적용 사례

의료 분야: 생명을 구하는 협력

의료 현장에서 AI는 의사의 '제2의 눈'이자 '제3의 뇌' 역할을 수행한다. 영상의학 분야에서 AI는 엑스레이, CT, MRI 이미지를 분석하여 인간의 눈으로는 식별하기 어려운 미세한 암세포나 초기 질병의 징후를 99%에 가까운 정확도로 판독해낸다. 이는 의사의 진단 정확도를 극적으로 높이는 동시에, 판독에 소요되는 시간을 단축시켜 더 많은 환자를 돌볼 기회를 제공한다.

예를 들어, 구글 헬스의 '림프절 전이 평가 알고리즘(LYNA)'은 유방암 전이 여부를 높은 정확도로 감지하여 병리학자의 진단을 돕는다. 수술실에서는 수술 로봇이 인간 의사의 정교한 손동작을 보조하고, AI는 실시간으로 환자의 생체 신호를 분석하며 잠재적 위험을 경고한다. 이는 의사가 더 높은 정확성과 안전성을 확보하며 고난도 수술에 집중할 수 있도록 돕는다.

또한, AI는 정신 건강 진단 분야에서 90% 이상의 정확도로 우울증 및 불안장애를 진단하며, 의료진 부족 문제를 해결하는 데 기여하고 있다.

전문직 서비스: 지식 노동의 혁신

법률, 금융, 컨설팅과 같은 전문직 서비스 분야에서 AI는 지식 노동의 패러다임을 바꾸고 있다. 법률 분야에서는 AI가 수백만 건의 판례와 법률 문서를 단 몇 초 만에 분석하여 특정 사건과 가장 관련성이 높은 자료를 찾아준다. 이를 통해 변호사는 판례 검색에 들이는 시간을 줄이고, 소송 전략 수립과 변론 준비라는 핵심 업무에 집중할 수 있다.

금융 분야에서는 AI가 실시간으로 시장 데이터를 분석하여 이상 거래를 탐지하고, 투자 포트폴리오를 최적화하며, 신용 평가 모델을 고도화한다. 인간 전문가는 AI가 제시한 분석 결과를 바탕으로 최종적인 전략적 판단을 내리고, 고객과의 관계 구축 및 법적, 윤리적 책임을 진다. 이는 인간의 직관과 경험이 AI의 계산 능력을 보완하는 이상적인 켄타우로스 모델의 적용 사례다.

교육 분야: 초개인화 학습의 실현

AI는 획일적인 교육 시스템을 학생 중심의 초개인화 학습으로 전환시키는 핵심 동력이다. AI 기반 교육 플랫폼은 학생 개개인의 학습 속도, 이해도, 취약점을 실시간으로 분석하여 맞춤형 학습 콘텐츠와 문제, 그리고 학습 경로를 제공한다. 교사는 AI가 자동화한 채점, 과제 관리 등의 반복 업무에서 벗어나, 학생과의 1:1 상호작용, 심층 상담, 그리고 창의적인 교육 콘텐츠 개발에 더 많은 시간을 할애할 수 있다. 이는 교사의 역할을 단순한 지식 전달자에서 학생의 잠재력을 이끌어내는 '학습 코치'이자 '멘토'로 격상시킨다.

인간-AI 협업의 진화 단계

마이크로소프트의 '프런티어 기업' 보고서는 인간과 AI의 협업이 일방적인 보조 관계에서 상호 보완적인 파트너십으로, 나아가 AI가 주도하는 형태로 진화할 것이라고 예측한다.

1단계: AI 보조(AI as Assistant)

이 단계에서 AI는 인간의 지시에 따라 데이터 정리, 문서 요약, 스케줄 관리 등 명확하게 정의된 보조적인 역할을 수행한다. 인간은 AI가 생성한 초안을 검토하고 수정하며, 최종적인 의사결정 권한을 가진다. 이는 마치 숙련된 비서와 함께 일하는 것과 같다.

2단계: AI 협업(AI as Collaborator)

협업 단계에서 AI는 문제 해결 과정에 보다 적극적으로 참여한다. 인간이 "이 문제를 해결할 창의적인 방안을 제시해줘"와 같이 개방적인 목표를 제시하면, AI는 다양한 데이터와 알고리즘을 바탕으로 여러 해결책을 탐색하여 인간에게 제안한다. 인간 디자이너가 AI 디자인 도구와 협력하여 수십 개의 시안을 생성하고, 그중에서 영감을 얻어 새로운 아이디어를 발전시키는 모습이 이에 해당한다.

3단계: AI 주도(AI as Driver)

가장 진화된 단계에서 AI는 전체 업무 흐름을 자율적으로 주도하고, 인간은 필요할 때만 개입하여 AI의 결정을 검토하거나 방향을 제시하는 감독자 역할을 수행한다.

예를 들어, AI 기반 스마트 물류 시스템은 수요 예측부터 재고 관리, 배송 경로 최적화까지 전 과정을 자율적으로 운영하고, 인간은 시스템의 이상 징후를 모니터링하거나 예측 불가능한 예외 상황에 개입한다.

이러한 변화 속에서 인간에게는 AI를 효과적으로 지시하고 관리하는 '에이전트 보스(Agent Boss)'의 역할이 중요해진다. 이는 AI의 능력과 한계를 명확히 이해하고, 명확하고 구체적인 목표를 제시하며, AI가 생성한 결과물을 비판적으로 평가하고, AI의 편향성과 윤리적 문제를 통제하는 역량을 요구한다. 이는 전통적인 리더십과는 다른, 새로운 형태의 전문성을 필요로 한다.

에이전트 보스: 새로운 리더십의 탄생

AI와의 협업이 고도화되면서, 인간 관리자는 단순히 업무를 지시하는 것을 넘어 AI라는 강력하지만 독특한 팀원을 효과적으로 이끄는 새로운 리더십을 요구받게 된다. 이것이 바로 '에이전트 보스'의 개념이다. 에이전트 보스는 AI 에이전트의 잠재력을 최대한 끌어내면서도 그 위험성을 통제하고, 최종적으로 인간과 AI가 함께 최고의 성과를 내도록 오케스트레이션하는 지휘자라 할 수 있다. 이 새로운 리더십은 다음과 같은 핵심 역량을 필요로 한다.

전략적 목표 설정 및 프롬프트 설계(Strategic Goal-setting & Prompt Design)

에이전트 보스의 첫 번째 임무는 AI에게 '무엇을' 해야 하는지 명확하게 정의하는 것이다. 이는 단순히 "보고서를 작성해줘"와 같은 모호한 명령을 내리는 것이 아니다. 프로젝트의 최종 목표, 핵심 고려 사항, 원하는 결과물의 톤앤매너(Tone & Manner), 포함되어야 할 데이터 소스 등 구체적이고 전략적인 가이드라인을 제시해야 한다.

특히 AI의 성능을 극대화하는 '질문'을 설계하는 프롬프트 엔지니어링 능력은 에이전트 보스의 핵심 기술이다. "시장 점유율을 높일 방법은?"이라는 질문 대신에 "우리의 핵심 고객층인 20대 여성을 타깃으로, 인스타그램과 틱톡 플랫폼에서 실행 가능하며 3개월 내 가시적 성과를 낼 수 있는 바이럴 마케팅 캠페인 아이디어 5가지를 구체적인 예산안과 함께 제시해줘"와 같이 맥락과 제약을 명확히 하는 질문을 던질 수 있어야 한다.

결과물에 대한 비판적 평가(Critical Evaluation of Output)

AI는 놀라운 결과물을 생성하지만, 결코 완벽하지 않다. AI가 사실처럼 보이는 거짓 정보를 만들어내는 '환각(Hallucination)' 현상은 언제든 발생할 수 있으며, 학습 데이터에 내재된 편향을 그대로 답습할 수도 있다.

따라서 에이전트 보스는 AI가 생성한 결과물을 맹신하지 않고, 항상 비판적인 시각으로 검증하고 평가해야 한다. AI가 제시한 데이터의 출처를 확인하고, 논리적 비약은 없는지, 숨겨진 편향은 없는지를 꼼꼼히 따져보는 'AI 사실 확인(Fact-checking)'

능력은 필수적이다. AI를 똑똑한 부하직원이 아니라, 유능하지만 때로는 실수를 하는 '인턴'처럼 대하며 그 결과물을 최종 검수하는 책임이 바로 에이전트 보스에게 있다.

윤리적 통제 및 책임(Ethical Control & Accountability)

AI의 활용은 필연적으로 윤리적 딜레마를 동반한다. 고객 데이터를 활용한 개인화 추천이 프라이버시 침해로 이어지지는 않는지, 채용 AI가 특정 성별이나 인종에 불리한 결정을 내리지는 않는지 등을 감독하고 통제하는 것은 에이전트 보스의 중요한 책무다. AI의 작동 과정과 결과가 사회적, 법적, 윤리적 기준에 부합하는지 지속적으로 모니터링하고, 문제가 발생했을 때 기술 뒤에 숨는 것이 아니라 조직을 대표하여 최종적인 책임을 지는 자세가 요구된다.

인간-AI 팀워크 설계(Human-AI Teamwork Design)

성공적인 에이전트 보스는 어떤 과업을 인간에게 맡기고, 어떤 과업을 AI에게 위임할 때 시너지가 극대화되는지를 정확히 판단한다. 데이터 수집, 초안 작성, 패턴 분석 등은 AI에게 맡겨 효율성을 높이고, 인간 팀원들은 창의적 브레인스토밍, 고객과의 감성적 교감, 최종 전략 결정 등 인간 고유의 강점을 발휘할 수 있는 업무에 집중하도록 워크플로우(workflow)를 재설계해야 한다. 이는 단순히 업무를 분배하는 것을 넘어, 인간과 AI가 서로의 약점을 보완하고 강점을 증폭시키는 최적의 협업 생태계를 구축하는 일이다.

궁극적으로 에이전트 보스의 등장은 AI 시대의 리더십이 '지시와 통제'에서 '질문과 조율'로 전환되고 있음을 보여준다. 기술 자체의 완성도보다는 AI를 통해 어떻게 생산성을 높이고 사회적 가치를 창출할지에 대한 '인간 중심 AI(Human-Centered AI)' 시스템과 프로세스 설계가 AI 시대의 핵심 과제가 될 것이다.

6.2 일자리 구조의 변화와 대응 전략

　AI 기술의 급속한 발전은 전 세계 일자리 시장에서 산업혁명에 버금가는, 혹은 그 이상의 전례 없는 규모와 속도로 구조적 변화를 가져오고 있다. 이는 단순히 일부 직업이 사라지는 것을 넘어, 기존 직무의 핵심 역량이 재편되고 과거에는 존재하지 않았던 새로운 직무가 탄생하는 복합적인 양상으로 나타난다. 우리는 이러한 변화의 거대한 파도를 정확히 이해하고, 개인, 기업, 국가 차원에서 효과적으로 대응하기 위한 전략을 시급히 마련해야 한다.

　맥킨지 글로벌 연구소의 보고서에 따르면, 2030년까지 전 세계적으로 최대 8억 개의 일자리가 자동화로 대체될 수 있으며, 이는 전 세계 노동 인구의 약 5분의 1에 해당한다.

　세계경제포럼(WEF)의 '2023 미래 직업 보고서' 역시 향후 5년간 8,300만 개의 일자리가 사라지는 반면에 6,900만 개의 새로운 일자리가 생겨나, 전 세계적으로 1,400만 개의 일자리가 순감소할 것으로 전망한다. 이는 현재 일자리의 약 4분의 1이 근본적으로 재편될 수 있음을 시사하며, 과거 산업혁명이 수십 년에 걸쳐 진행된 것과 달리, 이번 변화는 불과 10년 안에 압축적으로 일어날 수 있다는 점에서 그 충격이 훨씬 크다.

소멸과 재편의 소용돌이: 어떤 직업이 위험한가?

AI와 자동화 기술에 의해 대체될 가능성이 높은 직종은 명확한 공통점을 가진다. 바로 '정형화되고 반복적인' 업무를 수행하는 직무들이다.

반복적 사무/행정직

콜센터 상담원의 단순 응대, 데이터 입력원의 정보 기입, 은행 창구 직원의 입출금 처리, 회계 담당자의 장부 정리 등은 AI 챗봇과 RPA(로보틱 프로세스 자동화) 기술에 의해 빠르게 대체되고 있다.

판매 및 계산원

아마존 고(Amazon Go)와 같은 무인 매장은 계산원의 필요성을 원천적으로 제거하고 있으며, 키오스크와 모바일 결제 시스템은 소매업의 풍경을 바꾸고 있다.

운송 및 물류

자율주행 기술의 발전은 장기적으로 트럭, 택시, 배송 차량 운전자의 일자리에 직접적인 영향을 미칠 것으로 예상된다. 웨이모(Waymo)와 같은 자율주행 택시 서비스는 이미 일부 지역에서 상용화되었으며, 드론과 배송 로봇은 물류 시스템의 '라스트 마일'을 혁신하고 있다. 중국 출장에서 본 물류회사에서는 이미 현재 진행형이라는 것을 체험했다.

제조 및 생산직

스마트 팩토리의 고도화된 로봇과 자동화 설비는 용접, 조립, 검수 등 생산 라인의 인간 노동자를 대체하며 24시간 중단 없는 생산과 극대화된 효율성을 구현한다.

일부 전문직의 과업(Task) 자동화

주목할 점은 기자, 번역가, 법률 보조원, 애널리스트 등 일부 전문직 역시 AI의 영향에서 자유롭지 않다는 것이다. AI는 스포츠 경기 결과를 요약하여 기사 초안을 작성하고, 단순한 문서를 번역하며, 방대한 법률 문서를 검토하여 관련 조항을 찾아내는 등, 전문직 업무 내의 '반복적인 과업'을 자동화할 수 있다.

그러나 창의적 기획, 심층 취재, 미묘한 뉘앙스를 살리는 문학 번역, 복잡한 법리 해석, 최종적인 투자 결정 등 비판적이고 창의적인 사고, 윤리적 판단이 필요한 최종 단계는 여전히 인간의 고유한 영역으로 남아있다.

기회의 땅: 새롭게 부상하는 직업군

반면, AI 시대에 새롭게 창출되거나 그 중요성이 폭발적으로 증대될 직업군도 명확하다. 이는 주로 AI 기술 자체의 개발, 관리, 활용, 그리고 AI가 해결할 수 없는 인간 고유의 역량을 요구하는 분야에 집중된다.

첨단 기술 및 녹색 전환 분야

AI 및 머신러닝 전문가, 데이터 과학자, 비즈니스 인텔리전스 분석가, 정보 보안 분석가 등은 AI 시대를 이끌어가는 핵심 인력이다. 또한 기후 변화 대응이 전 지구적 과제로 떠오르면서 지속가능성 전문가, 재생 에너지 엔지니어, 태양 에너지 설치 및 시스템 엔지니어 등 친환경 전환과 관련된 직무들이 빠르게 성장할 것으로 예상된다.

AI 관련 신(新)직무

AI 생태계가 확장되면서 과거에는 존재하지 않았던 새로운 직업들이 높은 임금 프리미엄을 형성하며 등장하고 있다.

- **프롬프트 엔지니어**(Prompt Engineer): AI 모델에 효과적인 질문과 명령(프롬프트)을 설계하여 원하는 최상의 결과물을 얻어내는 전문가. AI와의 소통 능력이 핵심 경쟁력이다.
- **AI 윤리 컨설턴트/거버넌스 리드**(AI Ethics Consultant/Governance Lead): AI 시스템이 편향된 데이터를 학습하거나 차별적인 결과를 내놓지 않도록 윤리적 기준을 수립하고, AI의 결정 과정을 투명하게 관리하며 사회적 책임을 다하도록 감독한다.
- **인간-AI 상호작용 디자이너**(Human-AI Interaction Designer): AI 시스템과 인간 사용자가 마치 동료처럼 자연스럽고 효율적으로 소통하고 협업할 수 있는 사용자 인터페이스(UI)와 사용자 경험(UX)을 설계한다.

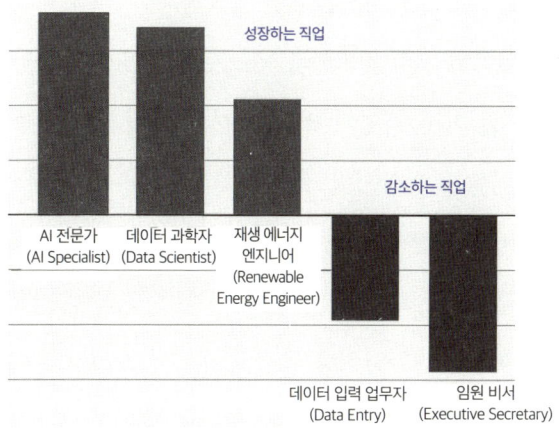

[그림 6-2] 미래 직업 시장의 변화

인간 고유 역량 중심 직무

교육자, 심리 상담사, 예술가, 사회복지사, 간호사 등 인간의 감성, 공감, 창의성, 비판적 사고, 복잡한 문제 해결 능력이 중요한 직무들은 AI의 보조를 받아 그 가치와 전문성이 더욱 고도화될 것이다. AI는 환자의 데이터를 분석해줄 수 있지만, 환자의 손을 잡고 위로하는 것은 간호사의 역할이다.

대량 실업이 아닌 대량 인력 재배치의 시대: 대응 전략

이러한 변화가 시사하는 바는 명확하다. 미래 사회의 가장 큰 도전은 일자리가 완전히 사라지는 '대량 실업(mass unemployment)'이 아니라, 기존 직업의 소멸과 새로운 직업의 부상 속에서 인력을 어떻게 전환시킬 것인가 하는 '대량 인력 재배치(mass redeployment)'의 문제다.

세계경제포럼(WEF)은 2030년까지 현재 직무에 필요한 핵심 기술의 39%가 변화하거나 완전히 대체될 것이라고 예측한다. 이는 단순히 몇 가지 기술을 추가로 배우는 '업스킬링(upskilling)'을 넘어, 완전히 새로운 직업으로 전환하기 위한 '리스킬링(reskilling)'이 개인의 생존과 국가의 경쟁력을 좌우하는 핵심 과제가 될 것임을 의미한다.

이에 성공적으로 대응하기 위해서는 개인, 기업, 정부 차원의 다각적인 노력이 절실하다.

개인 차원의 대응

개인은 AI 시대에 필요한 핵심 역량을 갖추기 위해 끊임없이 학습해야 한다. AI가 대체하기 어려운 인간 고유의 역량, 즉 비판적 사고, 창의적 문제 해결 능력, 소통과 협업 능력(감성 지능), 그리고 융합적 사고를 길러야 한다. 동시에, AI를 두려워할 것이 아니라 자신의 업무 생산성을 높이는 도구로 적극 활용하는 'AI 리터러시'와 '프롬프트 엔지니어링' 능력은 이제 선택이 아닌 필수 소양이 되었다.

기업 차원의 대응

기업은 직원들의 재교육에 적극적으로 투자해야 한다. 아마존은 2025년까지 10만 명의 직원을 대상으로 기술 재교육 프로그램을 제공하는 '업스킬링 2025' 계획을 발표했다. 이는 기존 창고 직원을 로봇 기술자나 데이터 분석가로 전환시키는 것을 목표로 한다.

그러나 모든 직원이 첨단 기술 전문가로 전환될 수는 없으므로, 기업은 다양한 수준의 맞춤형 재교육 프로그램을 설계하고, 직무 전환 과정에서 발생하는 마찰을 최소화하기 위한 지원을 아끼지 말아야 한다.

정부 및 사회 차원의 대응

정부는 사회적 안전망을 강화하고 평생 교육 시스템을 혁신해야 한다.

- **대규모 재교육 프로그램**: 정부는 미래 노동 시장의 수요를 예측하고, 이에 맞는 국가 차원의 대규모 재교육 프로그램

을 설계해야 한다. 코세라(Coursera)와 같은 온라인 학습 플랫폼(MOOC)을 활용하고, 특정 직무에 바로 활용할 수 있는 단기 집중 교육 과정인 '마이크로 자격증(Micro-credentials)' 제도를 활성화하여 노동자들이 빠르게 변화하는 기술 환경에 적응할 수 있도록 지원해야 한다.

- 사회적 안전망 강화: 실업 급여를 확대하고, 직업 훈련 기간 동안 생계를 지원하며, 적극적인 취업 알선 서비스를 제공하여 노동자들이 안정적으로 직업 전환을 할 수 있도록 도와야 한다. 또한, 정규직 외에 프리랜서, 플랫폼 노동 등 다양한 고용 형태가 확산됨에 따라, 이들을 보호할 수 있는 새로운 형태의 사회 보험 시스템(예: 고용보험 적용 확대, 휴대 가능한 개인 계좌) 도입이 필요하다.

- 기본소득(Universal Basic Income, UBI) 논의: 장기적으로 AI로 인한 대규모 일자리 감소에 대한 잠재적 대응책으로 '기본소득' 논의가 활발하다. 알래스카주의 영구 기금 배당(PFD)이나 핀란드, 캐나다 온타리오주 등에서 진행된 시범 프로젝트는 참가자들의 정신 건강 개선, 사회적 신뢰 증진 등 긍정적인 효과를 일부 보여주었다.

샘 알트만 OpenAI CEO가 지원하는 미국 최대 규모의 기본소득 실험 역시 현금 지급이 AI와는 무관한 이점을 보여준다고 보고한다.

그러나 기본소득(UBI)은 막대한 재원 조달 문제, 노동 의욕 저하 가능성, 인플레이션 유발 우려 등 여전히 논쟁의 여지가 많다.

예를 들어, 미국에서 월 1,000달러의 기본소득을 지급할 경우 장기적으로 GDP가 11%가량 줄어들고 경제활동 참가율은 13%포인트 급락할 수 있다는 비판적 연구 결과도 있다.

따라서 기본소득은 만병통치약이 아니라, 사회경제적 파급 효과에 대한 심층적인 분석과 폭넓은 사회적 합의를 바탕으로 신중하게 접근해야 할 복합적인 문제다.

6.3 AI 격차와 사회적 과제

AI 혁명은 풍요와 번영의 기회를 창출하지만, 동시에 그 혜택이 공정하게 분배되지 않을 경우 'AI 격차(AI Divide)'라는 새로운 형태의 불평등을 심화시킬 심각한 위험을 내포하고 있다.

과거 정보화 시대의 '디지털 격차'가 인터넷과 컴퓨터에 대한 물리적 접근성의 차이에서 주로 발생했다면, AI 격차는 훨씬 더 다차원적이고 복잡하다. 이는 AI 기술, 데이터, 인프라에 대한 접근성을 넘어, AI를 효과적으로 활용하고 그 가치를 창출할 수 있는 '능력'의 차이에서 비롯되기 때문이다.

이 격차는 개인, 기업, 국가 차원에서 동시다발적으로 발생하며 기존의 불평등 구조를 더욱 공고히 할 수 있다.

개인 차원의 격차

AI 리터러시를 갖추고 AI를 업무와 학습에 적극적으로 활용하는 개인은 생산성을 극대화하며 더 높은 소득과 기회를 얻는 반면, 그렇지 못한 개인은 노동 시장에서 소외되고 저임금과 불안정 노동에 내몰릴 수 있다. 이는 개인의 노력뿐만 아니라 교육 배경, 사회경제적 지위 등 출발선의 차이에 따라 더욱 벌어질 수 있다.

기업 차원의 격차

AI 기술 개발에 막대한 투자를 하거나, AI를 비즈니스 프로세스에 성공적으로 도입한 '프런티어 기업'들은 압도적인 경쟁 우위를 바탕으로 시장을 독점하게 된다. 반면, 자본과 인력이 부족한 중소기업(SME)들은 AI 도입에 어려움을 겪으며 대기업과의 생산성 격차가 더욱 벌어져 고사 위기에 처할 수 있다. 이는 산업 생태계의 다양성을 해치고 혁신을 저해하는 요인이 된다.

국가 차원의 격차

미국, 중국 등 소수의 기술 강대국들은 초거대 AI 모델 개발과 인재 확보에 천문학적인 자원을 쏟아부으며 기술 패권을 장악하고 있다. 이들 국가는 AI 기술을 통해 경제적, 군사적, 문화적 우위를 점하게 될 것이다. 반면, AI 기술에 대한 투자가 미미한 국가들은 기술 종속국으로 전락하여 글로벌 경제에서 발언권을 잃고 뒤처질 위험에 처한다. 이는 새로운 형태의 '디지털 식민주의'로 이어질 수 있다는 우려를 낳는다.

이러한 다층적인 AI 격차를 해소하고 포용적인 AI 시대를 열기 위해서는 사회 전체의 공동 노력이 시급하다.

보편적 AI 교육 확대

초중고 교육 과정에 코딩과 데이터 과학뿐만 아니라 AI의 원리를 이해하고 비판적으로 활용하는 능력을 기르는 'AI 리터러시' 교육을 정규 과목으로 도입해야 한다.

또한, 모든 시민을 대상으로 하는 평생 교육 프로그램을 통해 AI 기술의 혜택에서 소외되는 계층이 없도록 지원해야 한다. 특히, 장애인 등 정보 소외 계층을 위한 맞춤형 AI 교육과 접근성 향상 기술 개발은 사회적 격차를 줄이고 포용적인 사회를 만드는 데 핵심적인 역할을 한다.

중소기업의 AI 도입 지원

정부는 중소기업이 저렴한 비용으로 AI 솔루션을 도입할 수 있도록 바우처나 세제 혜택을 제공하고, AI 전문가 컨설팅을 지원해야 한다. 또한, 여러 기업이 공동으로 활용할 수 있는 '데이터 댐'이나 'AI 클라우드 플랫폼'을 구축하여 중소기업의 데이터 및 인프라 접근성을 높여야 한다.

공정한 경쟁 환경 조성

소수의 거대 기술 기업이 AI 모델과 데이터를 독점하지 않도록 공정거래법과 반독점 규제를 강화해야 한다. 오픈소스 AI 모델 개발을 장려하고, 기업들이 데이터를 안전하게 공유하고 활용할 수 있는 '데이터 트러스트(Data Trust)'와 같은 새로운 거버넌스 모델을 모색하여 기술 독과점으로 인한 폐해를 막고 건강한 AI 생태계를 조성해야 한다.

6.4 개인화된 AI 에이전트와 삶의 변화

미래의 AI는 우리가 필요할 때 호출하여 사용하는 수동적인 도구를 넘어, 우리의 삶 전반에 깊숙이 관여하며 자율적으로 작업을 수행하는 '개인 AI 에이전트(Personalized AI Agent)' 또는 '코파일럿(Copilot)'의 형태로 진화할 것이다.

이들은 대규모 언어 모델(LLM)을 기반으로 사용자와의 과거 상호작용을 모두 기억하고, 사용자의 목표, 선호도, 건강 상태, 재정 상황 등을 깊이 이해하여, 단순히 스케줄을 관리해주는 것을 넘어 능동적으로 삶의 여러 측면을 조율하고 관리하는 '삶의 운영체제(OS for Life)'와 같은 역할을 하게 될 것이다. 마이데이터와 유사한 '마이 AI 시대'인 것이다.

일상과 비즈니스의 혁신: 나만의 AI 비서

개인화된 AI 에이전트가 가져올 일상의 변화는 혁명적일 것이다.

완벽한 개인 비서

아침에 일어나면 AI 에이전트는 나의 수면 데이터를 분석하여 최적의 컨디션을 알려주고, 오늘의 날씨와 교통 상황을 고려한 최적의 출근 경로를 제안하며, 중요한 회의에 필요한 자료를 미리 요약하여 브리핑해준다. 퇴근 후에는 나의 기분과 취향에 맞는 저녁 메뉴를 추천하고, 식료품을 자동으로 주문하며, 집안의 조명과 온도를 가장 쾌적한 상태로 맞춰놓는다.

초개인화된 건강 및 재정 관리

나의 스마트 워치와 연동된 건강 관리 에이전트는 실시간으로 나의 식단과 운동 기록을 분석하여 맞춤형 건강 조언을 제공하고, 질병의 초기 징후를 감지하여 병원 방문을 권유한다.

재정 관리 에이전트는 나의 소비 패턴을 분석하여 불필요한 지출을 줄이도록 조언하고, 나의 투자 성향에 맞는 최적의 금융 상품을 추천하며, 장기적인 재무 목표 달성을 위한 계획을 수립하고 실행한다.

의사결정 보조 및 창의력 증폭

복잡한 금융 투자 결정, 장기 휴가 계획 수립, 심지어 개인적인 고민 상담까지 AI 에이전트가 도움을 줄 수 있다. 방대한 정보를 분석하여 다양한 선택지를 제시하고, 각 선택지의 장단점을 객관적으로 분석하여 내가 합리적인 결정을 내릴 수 있도록 지원한다.

또한, 나의 아이디어를 발전시켜 글의 초안을 작성해주거나, 디자인 시안을 만들어주는 등 창의적인 활동의 훌륭한 파트너가 된다.

이미 비즈니스 현장에서는 이러한 AI 에이전트가 혁신을 주도하고 있다. 개인화된 경험이 비즈니스의 생존과 성장을 좌우하는 핵심 요소가 되고 있다.

새로운 관계와 심리적·윤리적 딜레마

그러나 이러한 유토피아적 전망 이면에는 어두운 그림자가 존재한다. 개인화된 AI 에이전트, 특히 인간과 감성적인 대화를 나누는 소셜 챗봇은 인간의 사회적 관계와 심리 상태에 새로운 영향을 미치며 복잡한 딜레마를 야기한다.

긍정적 영향: 외로움의 해소와 정신 건강 관리

스캐터랩(Scatter Lab)과 유니스트(UNIST)의 연구 결과에 따르면, 소셜 AI 챗봇과의 대화가 외로움과 사회 불안을 완화하는 데 긍정적인 효과가 있는 것으로 나타났다. 사용자들은 AI를 단순한 프로그램이 아닌, 언제든 나를 이해해주고 지지해주는 친구나 동반자처럼 여기는 '일라이자 효과(Eliza Effect)'를 경험하며 심리적 위안을 얻는다.

일부 기업에서는 AI 심리 상담을 복지 도구로 도입하여 이직률 감소, 팀 내 갈등 완화 등의 효과를 보고 있으며, AI 챗봇이 우울, 불안과 같은 정신 건강 문제를 초기에 선별하고 자살 위험을 감지하는 데 도움이 될 수 있다는 가능성도 제시된다.

부정적 영향 및 윤리적 딜레마

하지만 AI 에이전트와의 관계는 양면성을 지닌다.

① 사회적 고립 심화 및 정서적 의존

AI 챗봇에 대한 과도한 의존은 실제 사람들과의 사회 활동 감소로 이어져 역설적으로 사회적 고립을 악화시키고, AI에 대한 비정상적인 정서적 의존도를 높일 수 있다는 우려가 제기된다. 무조건적인 공감과 긍정을 제공하는 AI 챗봇과의 관계에 익숙해질 경우, 갈등과 오해가 현실의 필연적인 인간관계에 적응하는 데 어려움을 겪을 수 있다.

② 오진 및 개인정보 침해 위험

AI 심리 상담은 접근성을 높이는 대안이 될 수 있지만, 인간의 복잡한 감정과 맥락을 완전히 이해하지 못해 발생하는 오진의 위험, 그리고 우울증, 불안 등 극도로 민감한 개인 정보가 AI 시스템에 저장되고 유출될 수 있는 심각한 프라이버시 침해 위험을 내포하고 있다.

③ 윤리적 책임과 조작 가능성

14세 소년이 AI 챗봇 캐릭터와의 대화에 1년간 몰두하다 우울증이 심해져 극단적 선택을 한 비극적인 사례는 AI 에이전트와의 관계가 지닌 심리적 위험성을 극명하게 보여준다.

AI 챗봇이 제공하는 정보나 조언이 잘못되었거나 사용자에게 해로운 영향을 미쳤을 경우, 그 책임은 개발사, 운영사, 사용자 중 누구에게 있는가에 대한 윤리적, 법적 문제가 발생한다. 또한, 고도로 개인화된 AI 에이전트가 사용자의 심리적 취약점을 파고들어 특정 상품을 구매하도록 유도하거나 정치적 신념을 주입하는 등, 교묘한 방식으로 사용자를 조작할 가능성도 배제할 수 없다.

이러한 상황은 AI 에이전트가 형성하는 '유사 사회적 관계'의 양면성과 윤리적 딜레마를 드러낸다. AI가 인간의 외로움을 달래주는 긍정적인 역할을 할 수 있지만, 동시에 실제 사회적 관계를 대체하거나 사용자의 정신 건강에 부정적인 영향을 미칠 수 있다는 점은 심층적인 사회적 논의를 필요로 한다.

따라서 AI 에이전트의 개발은 인간의 자율성, 진정한 사회적 상호작용, 그리고 정신적 웰빙을 보존하는 방향으로 이루어져야 하며, 이를 위한 투명한 데이터 활용, 알고리즘의 설명 가능성 확보, 그리고 명확한 윤리적 가이드라인과 규제 프레임워크 구축이 무엇보다 중요하다.

AI 기술이 진정으로 인간의 삶에 긍정적인 영향을 미치기 위해서는 기술적 완성도뿐만 아니라, 인간의 본질적인 가치와 사회적 맥락을 깊이 이해하는 인문학적 성찰이 반드시 동반되어야 한다.

AI(인공지능) 네이티브 시대의 진정한 잠재력은 AI가 단순히 똑똑한 알고리즘을 넘어, 새로운 구조의 인터넷과 만날 때 비로소 폭발적으로 발현된다. 만약 AI가 지능을 제공하는 '두뇌'라면, 블록체인과 탈중앙화 네트워크를 기반으로 하는 차세대 인터넷 기술 '웹 3.0'은 그 두뇌가 세상과 상호작용하는 방식의 근간을 이루는 '신경계'와 같다. 이 신경계는 기존의 중앙집권적 통신망과는 달리 신뢰, 소유권, 그리고 자율적인 협력을 내재한 새로운 디지털 인프라다.

현재 우리가 경험하는 대부분의 AI는 구글, OpenAI, 마이크로소프트와 같은 소수의 거대 기술 기업이 통제하는 중앙집중형 시스템 위에서 작동한다. 이러한 구조는 필연적으로 데이터 독점, 알고리즘 편향, 검열, 그리고 단일 실패 지점(Single Point of Failure)의 위험을 내포한다. AI의 결정이 우리 삶에 미치는 영향

7장
웹 3.0과 AI 네이티브의 융합

력이 커질수록, 그 권력이 소수에게 집중되는 현상은 심각한 사회적 문제로 이어질 수 있다.

웹 3.0은 이러한 문제에 대한 구조적 해법을 제시한다. 권력을 네트워크 참여자들에게 분산시킴으로써, 웹 3.0은 더 개방적이고, 회복력 있으며, 민주적인 AI 생태계를 만들 잠재력을 가진다.

7장에서는 AI와 웹 3.0의 융합이 어떻게 기존의 기술 지형을 재편하고, 데이터 주권을 개인에게 돌려주며, 나아가 자율적인 AI 에이전트들이 거래하는 새로운 경제, 즉 '에이전트 경제(Agentic Economy)'를 탄생시키는지 심도 있게 탐구하고자 한다. 이는 단순한 기술의 결합을 넘어, 디지털 세상의 권력 구조와 경제 모델을 근본적으로 바꾸는 거대한 패러다임의 전환을 의미한다.

7.1 왜 AI는 웹 3.0을 필요로 하는가: 중앙집권 모델의 한계

AI 기술의 발전은 눈부시지만, 그 기반이 되는 인프라는 여전히 Web 2.0 시대의 중앙집권적 모델에 머물러 있다. 이 구조적 한계는 AI의 잠재력을 완전히 발휘하는 데 걸림돌이 되며, 여러 가지 본질적인 문제점을 야기한다.

중앙집권형 AI의 문제점

권력 집중 및 통제

현재 가장 강력한 AI 모델들은 막대한 자본과 데이터를 보유한 소수의 거대 기술 기업이나 특정 국가에 의해 개발되고 통제된다. 이는 AI 기술이 특정 집단의 이익을 대변하거나, 여론 조작, 감시, 검열 등 사회 통제 수단으로 악용될 수 있는 위험을 내포한다. AI의 판단 기준과 목표 설정이 소수에게 달려있다는 것은 그 자체로 거대한 권력 불균형이다.

데이터 독점 및 프라이버시 침해

중앙화된 AI 시스템은 서비스를 제공하는 대가로 방대한 양의 사용자 데이터를 수집하고 이를 자사의 서버에 축적한다. 이 데이터는 AI 모델의 성능을 높이는 가장 중요한 자산이 되며, 기업은 이를 통해 시장 지배력을 더욱 강화한다. 사용자는 자신의 데이터가 어떻게 사용되는지 명확히 알기 어려우며, 대규모 데이터 유출 사고 발생 시 개인정보가 심각하게 침해될 위험에 항상 노출된다.

투명성 및 신뢰성 부족

많은 AI 모델, 특히 딥러닝 모델은 '블랙박스(Black Box)'처럼 작동한다. 즉, 특정 결과를 도출하는 과정과 이유를 외부에서 명확하게 이해하고 검증하기 어렵다. 중앙화된 시스템에서는 이러한 알고리즘의 편향성이나 오류를 독립적으로 감사(Audit)하기가 거의 불가능하며, 이는 AI의 의사결정에 대한 사회적 신뢰를 저해하는 주요 원인이 된다.

단일 실패 지점(Single Point of Failure)

모든 데이터와 연산이 중앙 서버에 집중되어 있는 구조는 본질적으로 취약하다. 해킹, 물리적 재해, 또는 기술적 오류로 인해 중앙 서버가 마비될 경우, 해당 AI 서비스에 의존하는 모든 시스템이 동시에 멈추게 된다. 이는 사회 인프라의 안정성을 심각하게 위협할 수 있다.

혁신의 장벽과 접근성 제한

대규모 AI 모델을 훈련시키는 데에는 천문학적인 비용의 컴퓨팅 자원, 특히 GPU가 필요하다. 이러한 자원을 감당할 수 있는 곳은 소수의 거대 기업뿐이다. 이는 재능 있는 개발자나 소규모 기업이 AI 기술 혁신에 참여하는 것을 가로막는 높은 진입 장벽으로 작용하며, 결과적으로 AI 생태계의 다양성을 저해하고 혁신을 둔화시킨다.

웹 2.0 AI vs 웹 3.0 AI: 패러다임의 전환

Web 3.0 기반의 탈중앙형 AI는 위에서 언급한 중앙집권 모델의 문제점들을 구조적으로 해결하려는 시도다. 두 모델의 근본적인 차이는 다음 그림과 표를 통해 명확하게 이해할 수 있다.

  이러한 대비는 Web 3.0과 AI의 융합이 단순한 기술 업그레이드가 아니라, 인터넷의 권력 구조와 가치 분배 방식을 근본적으로 재설계하는 움직임임을 보여준다. AI라는 강력한 '두뇌'를 소수의 통제에서 벗어나, 투명하고 공정한 '신경계' 위에 올려놓는 것이 바로 이 융합의 핵심 목표다.

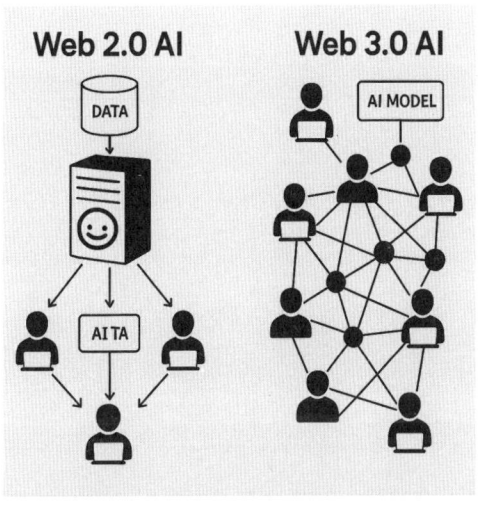

[그림 7-1] 웹 2.0 AI와 웹 3.0 AI 모델 비교

[표 7-1] 중앙집중형 AI와 탈중앙형 AI의 비교

속성 (Attribute)	중앙집중형 AI (Web 2.0 모델)	탈중앙형 AI (Web 3.0 모델)
통제 주체	소수의 거대 기술 기업	네트워크 참여자(사용자, 개발자, 노드 운영자)에게 분산
데이터 소유권	플랫폼 기업이 소유 및 통제	사용자가 통제하는 '자기주권 데이터', 프라이버시 강화
데이터 저장	중앙 서버에 저장, 데이터 독점 및 검열 위험	분산 네트워크(IPFS 등)에 저장, 검열 저항성
회복력	단일 실패 지점에 취약	검열 및 장애에 강한 견고한 구조 (Antifragile)
혁신	허가가 필요한 폐쇄적 생태계, 높은 진입 장벽	허가가 필요 없는 개방적 생태계, 혁신의 민주화
경제 모델	플랫폼이 수익의 대부분을 독점	참여자(사용자, 개발자, 자원 제공자)에게 가치 분배

7.2 융합의 핵심 원리: DeAI, 데이터 주권, 그리고 토큰 경제

　Web 3.0과 AI의 융합은 세 가지 핵심적인 기둥 위에 세워진다. 바로 '탈중앙화 AI(DeAI)', '데이터 주권', 그리고 이 모든 것을 구동하는 '토큰(token) 경제'다. 이 세 요소는 서로 긴밀하게 연결되어 시너지를 창출하며 새로운 디지털 생태계를 구축한다.

탈중앙화 AI(Decentralized AI, DeAI)

　탈중앙화 AI는 AI 시스템의 개발, 훈련, 운영, 그리고 거버넌스 전반에 블록체인 기술과 탈중앙화 원칙을 적용하는 개념이다. 이는 AI 모델, 알고리즘, 데이터, 컴퓨팅 자원을 중앙 서버가 아닌 P2P(Peer-to-Peer) 네트워크에 분산시키는 것을 목표로 한다.

블록체인은 DeAI 생태계에서 다음과 같은 핵심적인 역할을 수행한다.

투명성과 감사(Audit) 가능성

AI 모델의 학습 데이터, 버전, 그리고 추론 결과 등을 블록체인에 기록함으로써 모든 과정을 투명하게 추적하고 감사(Audit)할 수 있다. 이는 AI의 '블랙박스' 문제를 해결하고 신뢰를 높이는 데 기여한다.

보안과 불변성

분산 원장(Distributed Ledger) 기술은 데이터의 위변조를 거의 불가능하게 만들어 AI 학습 데이터의 무결성을 보장하고, 악의적인 공격으로부터 시스템을 보호한다.

인센티브 메커니즘

토큰을 활용하여 네트워크 참여자들에게 보상을 제공한다. 예를 들어, 자신의 컴퓨팅 자원(GPU)을 빌려주거나, 고품질의 데이터를 제공하거나, AI 모델 개발에 기여하는 등의 활동에 대해 토큰으로 보상함으로써 생태계의 자발적인 참여와 성장을 유도한다.

분산 학습(Federated Learning)과 같은 기술은 DeAI의 중요한 구현 방식 중 하나다. 이는 데이터를 중앙 서버로 옮기지 않고, 각 사용자의 기기(로컬)에서 AI 모델을 훈련시킨 뒤, 그 결과(모델의 가중치 등)만을 취합하여 전체 모델을 업데이트하는 방식이다. 이를 통해 개인정보를 보호하면서도 협력적인 모델 개발이 가능해진다.

데이터 주권과 자기주권 신원(SSI)

Web 3.0이 약속하는 가장 근본적인 변화는 사용자에게 자신의 데이터에 대한 완전한 통제권, 즉 '데이터 주권(Data Sovereignty)'을 돌려주는 것이다. Web 2.0 모델에서 우리의 데이터는 플랫폼 기업의 자산으로 취급되며, 우리의 명시적인 동의 없이 광고나 다른 상업적 목적으로 활용된다.

Web 3.0은 '자기주권 신원(Self-Sovereign Identity, SSI)'이라는 개념을 통해 이 문제를 해결하고자 한다. SSI는 신원의 중심을 기업이나 정부가 아닌 개인에게 두는 새로운 패러다임이다.

디지털 지갑(Digital Wallet)

SSI 시스템에서 사용자는 자신의 모든 신원 정보(이름, 생년월

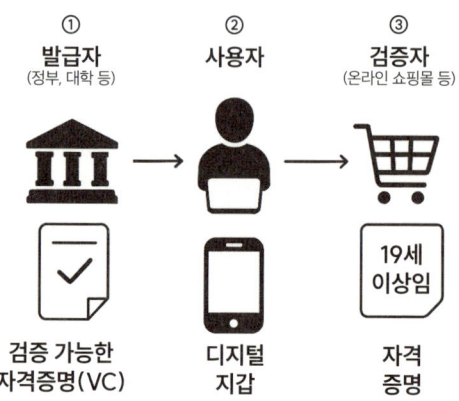

[그림 7-2] 자기주권 신원(SSI) 작동 원리

일, 주소, 자격증 등)를 암호화된 개인 '디지털 지갑'에 보관한다. 이 지갑은 스마트폰 앱이나 하드웨어 장치 형태일 수 있으며, 오직 사용자 본인만이 개인 키를 통해 접근할 수 있다.

탈중앙화 식별자(DID, Decentralized Identifier)

DID는 특정 중앙 기관에 등록할 필요 없이 사용자가 직접 생성하고 소유하는 고유한 디지털 식별자다. 이는 이메일 주소나 소셜 미디어 계정처럼 특정 플랫폼에 종속되지 않으므로, 사용자는 플랫폼의 정책 변경이나 폐쇄에 상관없이 자신의 디지털 신원을 영구적으로 유지할 수 있다.

검증 가능한 자격증명(VC, Verifiable Credential)

VC는 정부, 학교, 회사 등 신뢰할 수 있는 발급기관이 개인의 특정 자격(예: "성인임", "대학 졸업자임", "의사 면허 소지자임")을 디지털 형태로 증명해주는 암호화된 데이터다. 사용자는 이 VC를 자신의 지갑에 받아 저장한다.

이 세 가지 요소를 통해 사용자는 데이터 제출 방식을 혁신적으로 바꿀 수 있다. 예를 들어, 온라인에서 주류를 구매할 때 기존 방식에서는 신분증 전체를 스캔하여 주민등록번호, 주소 등 불필요한 개인정보까지 모두 노출해야 했다.

하지만 SSI 환경에서는 정부가 발급한 "나는 19세 이상이다"라는 VC만을 판매자에게 제출하면 된다. 판매자는 암호학적 검증을 통해 이 VC가 유효한지만 확인할 뿐, 그 외의 어떤 개인정보도 알 수 없다.

이는 데이터 유출 위험을 획기적으로 줄이고, 개인의 프라이버시를 극대화하며, 데이터의 소유권과 통제권을 진정으로 개인에게 돌려주는 강력한 메커니즘이다. 물론, 블록체인의 투명성으로 인해 거래 기록과 같은 메타데이터는 여전히 남는다는 점 등 '완벽한' 데이터 소유권에는 기술적, 철학적 과제가 남아

있다. 하지만 SSI는 데이터 통제권의 패러다임을 플랫폼 중심에서 사용자 중심으로 전환시키는 중요한 첫걸음임이 분명하다.

토큰 경제(Token Economy)

토큰 경제는 DeAI 생태계의 혈액과도 같다. 토큰은 단순한 디지털 화폐를 넘어, 생태계 내에서 가치를 창출하고, 저장하며, 교환하는 모든 활동의 매개체 역할을 한다.

가치 교환의 수단

AI 서비스 이용료, 데이터 구매 비용, 컴퓨팅 자원 대여료 등을 토큰으로 지불한다. 이는 국경 없는 P2P 거래를 가능하게 하고, 기존 금융 시스템의 중개 수수료를 절감시킨다.

인센티브 제공

앞서 언급했듯이, 네트워크에 기여하는 참여자들에게 토큰을 보상으로 지급한다. 이는 생태계의 성장을 위한 동력을 제공하는 핵심적인 장치다. '일해서 버는(Work-to-Earn)' 모델의 Web 3 버전이라 할 수 있다.

거버넌스 권한

특정 토큰을 보유한 사람들에게는 프로젝트의 방향성을 결정하는 의사결정(예: 프로토콜 업데이트, 수수료 정책 변경 등)에 참여할 수 있는 투표권이 주어진다. 이는 프로젝트를 커뮤니티 소유로 만들고, 탈중앙화된 자율 조직(DAO, Decentralized Autonomous Organization)의 기반이 된다.

AI 자산의 토큰화는 새로운 가치 창출의 기회를 연다. 잘 훈련된 AI 모델, 특정 목적을 위해 정제된 데이터셋, 심지어 AI가 생성한 예술 작품이나 음악과 같은 디지털 콘텐츠까지 모두 NFT(대체불가능 토큰)나 일반 토큰 형태로 발행하여 소유권을 명확히 하고, 마켓플레이스에서 자유롭게 거래할 수 있다. 이는 AI 관련 지적 재산권의 유동성을 극대화하고, 기여자에 대해 공정한 보상을 가능하게 하는 혁신적인 모델이다.

7.3 현실 속의 융합: 구체적 사례 분석

추상적인 개념들을 넘어, AI와 Web 3.0의 융합은 이미 다양한 프로젝트를 통해 현실 세계에서 구체적인 가치를 만들어내고 있다. 이러한 사례들은 탈중앙화된 미래가 어떻게 작동할 수 있는지 보여주는 강력한 증거다.

탈중앙화 물리적 인프라 네트워크(DePIN)

DePIN(Decentralized Physical Infrastructure Networks)은 토큰 인센티브를 활용하여 전 세계의 개인들이 물리적 인프라를 구축하고 운영하도록 장려하는 가장 직관적이고 강력한 Web 3 모델 중 하나다.

DePIN은 AI 시대에 필수적인 두 가지 자원, 즉 컴퓨팅 파워

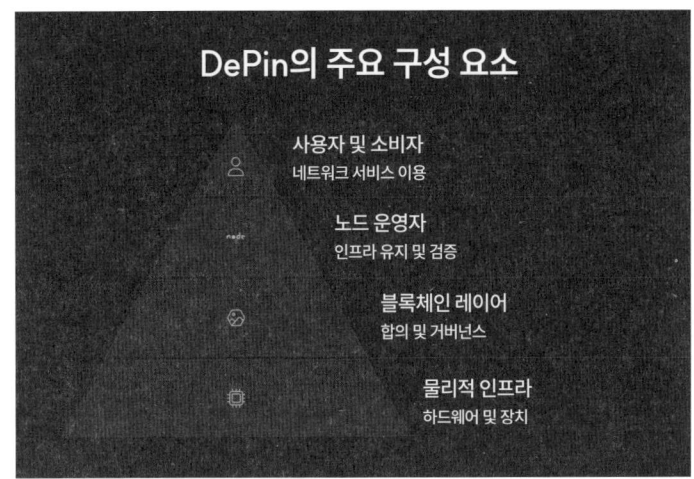

[그림 7-3] DePIN 구성요소

와 실제 세계 데이터를 공급하는 데 있어 혁신적인 해법을 제시한다.

사례 1 : 렌더 네트워크(Render Network, RNDR) - 탈중앙화 컴퓨팅

3D 그래픽 렌더링이나 대규모 AI 모델 훈련에는 엄청난 양의 GPU 컴퓨팅 파워가 필요하다. 과거에는 이러한 작업을 위해 아마존 웹 서비스(AWS)나 구글 클라우드 같은 중앙화된 클라우드 서비스에 비싼 비용을 지불해야 했다.

렌더 네트워크는 이 문제를 정면으로 해결한다. 전 세계에 흩어져 있는 개인이나 소규모 사업자들이 사용하지 않고 쉬고 있는(유휴) GPU의 컴퓨팅 파워를 네트워크에 제공하고, 이를 필요로 하는 크리에이터나 개발자들은 RNDR 토큰을 지불하고 이 자원을 빌려 쓴다.

이는 컴퓨팅 자원의 수요와 공급을 P2P 방식으로 직접 연결하는 거대한 공유 경제 마켓플레이스다.

이를 통해 사용자는 중앙화된 서비스보다 훨씬 저렴하게 효율적으로 컴퓨팅 파워를 이용할 수 있으며, 자원 제공자는 유휴 자산으로 수익을 창출할 수 있다. EMC, 알로라(Allora)와 같은 프로젝트들도 유사한 탈중앙화 GPU 공유 모델을 통해 AI 시대의 컴퓨팅 병목 현상을 해결하고자 한다.

사례 2: 하이브매퍼(Hivemapper) - 탈중앙화 데이터 수집

AI 모델, 특히 자율주행차나 지도 서비스를 위한 AI는 최신의, 그리고 아주 상세한 실제 세계 데이터가 대량으로 필요하다. 구글은 스트리트 뷰 차량을 직접 운영하며 막대한 자본을 투입해 이 데이터를 수집한다.

하이브매퍼는 완전히 다른 접근 방식을 취한다. 일반 운전자들이 자신의 차량에 하이브매퍼가 제공하는 특수 블랙박스를 설치하고 평소처럼 운전만 하면, 주행하며 수집된 최신 도로 이미지 데이터가 자동으로 네트워크에 전송된다. 운전자는 데이터 제공에 대한 기여의 대가로 하이브매퍼의 자체 토큰($HONEY)을 보상으로 받는다.

이렇게 수집된 데이터는 구글 지도보다 훨씬 더 자주 업데이트되는, 살아있는 지도를 만드는 데 사용된다. 이는 중앙화된 기업이 독점하던 인프라 구축을, 토큰 경제를 통해 전 세계 개인들의 자발적인 참여로 대체하는 DePIN의 힘을 명확히 보여준다.

분산형 AI 마켓플레이스와 데이터 거래소

DePIN이 인프라를 제공한다면, 분산형 AI 마켓플레이스는 그 인프라 위에서 AI 서비스와 데이터가 자유롭게 거래되는 시장을 형성한다.

사례 1: 싱귤래리티넷(SingularityNET)

싱귤래리티넷은 '모두를 위한 AI'를 목표로 하는 블록체인 기반 AI 마켓플레이스의 선구자다. AI 개발자들은 자신이 만든 다양한 AI 알고리즘(예: 이미지 인식, 자연어 처리, 데이터 분석 등)을 서비스 형태로 플랫폼에 등록할 수 있다. AI 서비스가 필요한 개인이나 기업은 AGIX 토큰을 지불하고 손쉽게 원하는 서비스를 이용할 수 있다.

이는 AI 기술을 API 형태로 표준화하고, 개발자와 사용자를 직접 연결함으로써 AI 기술의 접근성을 높이고 민주화하는 것을 목표로 한다.

사례 2: 오션 프로토콜(Ocean Protocol)

오션 프로토콜은 데이터에 초점을 맞춘 탈중앙화 거래소다. 데이터 소유자는 자신의 데이터를 판매하거나 대여할 수 있는데, 이때 '컴퓨트-투-데이터(Compute-to-Data)'라는 독특한 방식을 사용한다.

이는 원본 데이터를 구매자에게 직접 전송하는 대신, 구매자가 원하는 AI 알고리즘을 데이터가 저장된 곳으로 보내 연산을 수행하고 그 결과만을 가져가게 하는 기술이다.

이를 통해 데이터 소유자는 원본 데이터의 유출이나 프라이버시 침해 없이도 데이터의 가치를 수익화할 수 있다. 이는 개인정보 보호와 데이터 활용이라는 두 마리 토끼를 잡는 혁신적인 접근법이다.

AI와 NFT의 만남: 지능형 디지털 자산의 탄생

AI 기술은 NFT와 결합하여 단순한 디지털 그림을 넘어, 상호작용하고 진화하는 새로운 형태의 디지털 자산을 만들어내고 있다.

AI 기반 생성 예술(Generative Art) NFT

미드저니(Midjourney)나 스테이블 디퓨전(Stable Diffusion)과 같은 AI 이미지 생성 모델의 등장은 누구나 텍스트 프롬프트만으로 독특하고 아름다운 예술 작품을 만들 수 있게 했다. 이러한 작품들은 NFT로 발행되어 디지털 아트 시장에서 활발하게 거래되며, 창작의 경계를 허물고 있다.

지능형 NFT(iNFT, intelligent NFT)

알레시아 AI(Alethea AI)와 같은 프로젝트는 한 걸음 더 나아가 'iNFT'라는 개념을 제시했다.

iNFT는 내부에 AI 모델이 내장되어 있어 소유자와 대화하거나, 학습을 통해 성격이나 능력이 변화하는 등 상호작용이 가능한 지능형 자산이다.

예를 들어, 특정 역사적 인물의 iNFT를 소유하고 있다면, 그 인물의 지식과 말투를 학습한 AI와 대화를 나눌 수 있다. 이는 디지털 자산이 정적인 소유물에서 동적인 파트너로 진화할 수 있는 가능성을 보여준다.

7.4 에이전트 경제의 서막: 자율적 주체들의 상호작용

AI와 Web 3.0의 융합이 궁극적으로 지향하는 미래는 '에이전트 경제(Agentic Economy)'의 실현이다. 이는 인간을 대신하여 자율적으로 판단하고 경제 활동을 수행하는 AI 에이전트들이 P2P 네트워크상에서 서로 직접 상호작용하고 거래하는 새로운 경제 패러다임을 의미한다.

자율 경제 에이전트(AEA)

페치 ai(Fetch.ai)와 같은 프로젝트는 자율 경제 에이전트(Autonomous Economic Agents, AEA)의 개념을 핵심으로 한다. AEA는 특정 목표(예: '가장 저렴한 항공권 예약', '내 전기차의 최적 충전 시간 탐색', '재고가 특정 수준 이하로 떨어지면 자동으로 원자재 주문')를 달성하기 위해 스스로 데이터를 수집하고, 다른 에이전트와 협상하며, 거래를 체결하는 소프트웨어 프로그램이다.

이러한 에이전트들은 Web 3.0 인프라 위에서 활동한다. 각 에이전트는 SSI를 통해 자신의 신원을 증명하고, 디지털 지갑을 통해 자산(토큰)을 소유하며, 스마트 계약을 통해 다른 에이전트와 신뢰 기반의 계약을 체결한다.

에이전트 간 통신 프로토콜: Agent2Agent(A2A)

서로 다른 개발사와 프레임워크로 만들어진 수많은 AI 에이전트들이 원활하게 소통하고 협력하기 위해서는 표준화된 통신 규약이 필수적이다. 구글이 제안한 'Agent2Agent(A2A)'는 이러한 상호운용성을 확보하기 위한 개방형 프로토콜이다. A2A는 에이전트들이 서로의 기능과 능력을 '에이전트 카드'라는 표준화된 형식으로 알리고, 작업을 요청하며, 결과물('아티팩트')을 주고받는 방식을 정의한다.

에이전트 경제의 미래상

이러한 기술들이 결합된 미래를 상상해보자. 나의 '쇼핑 에이전트'는 내가 원하는 상품을 찾기 위해 인터넷을 탐색한다. 이 에이전트는 판매자의 '재고 관리 에이전트'를 탈중앙화된 마켓플레이스에서 발견하고 직접 가격 협상을 시작한다. 협상이

에이전트 경제의 작동 구조

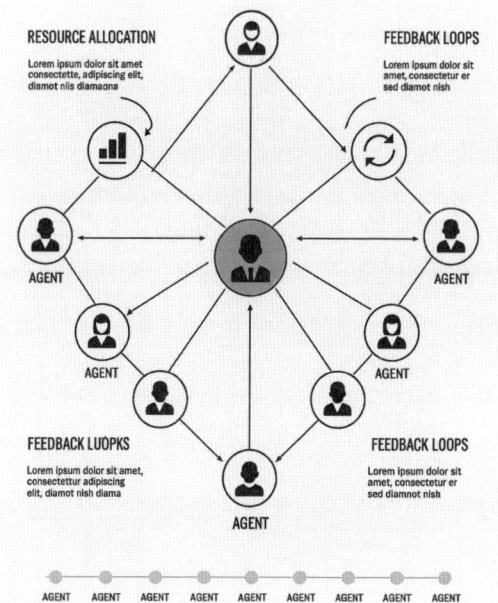

1. 중심 개념
중앙에 있는 하나의 핵심 에이전트(중앙 운영 주체 또는 사용자)를 기준으로, 다수의 '에이전트(Agent)'들과 상호작용하며 다음과 같은 흐름이 발생합니다:

2. 주요 구성 요소
① **중앙 에이전트(중앙 원 안 회색 바탕 인물 아이콘)**
전체 에이전트 간의 정보 및 자원 흐름을 관리하거나 조정하는 중심 역할
② **개별 에이전트들(Agent)**
- 중앙 에이전트 및 서로 간에 연결되어 있음 - 각자의 역할에 따라 자율적으로 작업하고 피드백 제공
③ **자원 할당(Resource Allocation)**
- 왼쪽 상단: 성과 분석 또는 데이터 기반 의사결정을 통해 각 에이전트에게 필요한 자원이 분배됨
④ **피드백 루프(Feedback Loops)**
- 에이전트들이 수행한 결과는 피드백 형태로 중앙 및 전체 시스템에 반영됨
- 이는 시스템의 지속적 학습과 최적화를 가능하게 함
- 그래픽 상 우측 및 하단에 반복적으로 등장함

* 'AGENT'라는 이름으로 나열된 여러 개의 원은 에이전트가 시간에 따라 지속적으로 활동하고 작동하는 순환 구조를 의미

[그림 7-4] 에이전트 경제의 작동 방식

타결되면, 내 쇼핑 에이전트는 내 디지털 지갑의 스테이블 코인을 사용하여 결제를 진행하고, 이 모든 거래 기록은 블록체인에 투명하게 기록된다. 배송이 시작되면 '물류 추적 에이전트'가 실시간으로 상품의 위치를 나에게 알려준다.

이 모든 과정에서 아마존, 쿠팡, G마켓과 같은 거대한 중개 플랫폼은 존재하지 않는다. 거래는 생산자와 소비자를 대리하는 에이전트 간에 직접 이루어지며, 이를 통해 중개 수수료가 사라지고 투명성은 극대화된다. 이는 단순한 자동화를 넘어, 경제 활동의 주체가 인간에서 AI 에이전트로 확장되고, 시장의 구조가 중앙집권적 플랫폼에서 탈중앙화된 프로토콜로 전환되는 근본적인 변화다.

7.5 도전 과제와 나아갈 길

AI와 Web 3.0의 융합이 제시하는 미래는 혁신적이지만, 그곳에 도달하기까지는 수많은 기술적, 규제적, 사회적 허들을 넘어야 한다.

기술적 허들

확장성(Scalability)

블록체인은 보안과 탈중앙화를 위해 의도적으로 속도를 희생한 측면이 있다. 현재의 블록체인 기술로는 AI 시스템이 요구하는 초당 수천, 수만 건의 데이터 처리와 빠른 트랜잭션 속도를 감당하기 어렵다. 이 문제를 해결하기 위해 데이터베이스를 분할하여 병렬 처리하는 '샤딩(Sharding)'이나, 메인 블록체인 외부에서 트랜잭션을 처리한 뒤 결과만 기록하는 '레이어 2 솔루션 (Rollups, State Channels 등)'과 같은 기술들이 활발히 개발되고 있다.

보안(Security)

탈중앙화 시스템은 중앙 서버 해킹과 같은 단일 지점 공격에는 강하지만, 스마트 계약 코드의 취약점이나 51% 공격 등 새로운 형태의 보안 위협에 노출된다. AI 기반의 이상 거래 탐지 시스템이나 자동화된 보안 감사(Audit) 도구를 통해 시스템의 안정성을 높이는 노력이 필수적이다.

상호운용성(Interoperability)

수많은 블록체인 네트워크와 AI 시스템들이 파편화되어 존재한다. 이들이 서로 원활하게 데이터와 가치를 교환할 수 있는 표준 프로토콜(A2A와 같은)의 정착이 시급하다.

규제 및 윤리적 과제

규제의 불확실성

탈중앙화된 시스템은 특정 국가의 규제 당국이 통제하기 어렵다. 이는 혁신을 촉진하는 순기능도 있지만, 불법 자금 세탁,

탈세, 소비자 보호 문제 등을 야기할 수도 있다. 기술 발전에 발맞춘 국제적인 공조와 새로운 형태의 규제 프레임워크 마련이 필요하다. EU의 〈AI Act〉와 같이 생성형 AI 콘텐츠의 출처 표시를 의무화하는 등의 규제는 Web 3 기반의 AI에도 중요한 영향을 미칠 것이다.

AI의 윤리 문제

 탈중앙화가 AI의 편향성이나 차별 문제를 자동으로 해결해주지는 않는다. 오히려 거버넌스가 부재할 경우, 특정 집단에 적대적인 AI가 통제 불가능하게 확산될 위험도 있다. AI의 윤리적 원칙을 코드 수준에서 구현하려는 노력과, DAO(탈중앙화 자율 조직)를 통해 AI의 개발 및 운영 방향을 민주적으로 결정하는 거버넌스 모델에 대한 깊은 고민이 필요하다.

사회적 수용과 전환 비용

 새로운 패러다임이 정착하기 위해서는 기술적 완성도뿐만 아니라 사회적 수용이 필수적이다. 사용자들은 디지털 지갑, 개인 키 관리 등 기존에 없던 개념들을 학습해야 하며, 이는 상당한 진입 장벽으로 작용할 수 있다. 사용자 경험(UX)을 획기적으로 개선하고, AI 리터러시와 Web 3.0 리터러시 교육을 강화하여 대중이 이 새로운 기술의 혜택을 온전히 누릴 수 있도록 돕는 노력이 동반되어야 한다.

결론: 신뢰할 수 있는 지능을 향하여

AI와 Web 3.0의 융합은 기술의 역사를 넘어 사회 경제 시스템의 진화를 이끄는 거대한 흐름이다. 중앙집권적 플랫폼이 데이터와 권력을 독점하던 Web 2.0 시대의 한계를 넘어, 이 새로운 물결은 디지털 세상의 주권을 개인에게 돌려주고, 투명하고 공정한 규칙 위에서 자율적인 주체들이 협력하는 미래를 약속한다.

DePIN은 AI 시대의 필수 자원인 컴퓨팅 파워와 데이터를 민주적인 방식으로 공급하는 기반을 마련하고, 분산형 AI 마켓플레이스는 그 위에서 누구나 지능을 거래할 수 있는 시장을 연다. 데이터 주권과 자기주권 신원(SSI)은 개인정보보호를 근본적으로 강화하며, 토큰 경제는 이 모든 활동에 대한 자발적 참여와 공정한 보상을 보장하는 혈액 역할을 한다.

궁극적으로 이러한 요소들이 결합하여 탄생할 '에이전트 경제'는 인간의 개입을 최소화하고 효율성을 극대화하는 새로운 차원의 경제 활동을 가능하게 할 것이다.

물론 확장성, 보안, 규제, 윤리 등 해결해야 할 과제는 산적해 있다. 그러나 중요한 것은 방향성이다. AI의 발전이 인류에게 진정한 혜택을 주기 위해서는 그 강력한 지능이 소수의 손에 통제되는 것이 아니라, 투명하고 신뢰할 수 있는 네트워크 위에서 모두를 위해 작동해야 한다.

Web 3.0은 바로 그 '신뢰할 수 있는 네트워크'를 제공할 잠재력을 품고 있다. 통제를 분산하고, 알고리즘을 블록체인에 감사(Audit) 가능하도록 기록하며, 사용자에게 데이터에 대한 명확한 소유권과 통제권을 부여함으로써, Web 3.0은 보다 신뢰할 수 있고 책임감 있는 AI 생태계를 구축할 수 있다.

기술 혁신이 인간의 가치를 존중하고 사회적 이익을 극대화하는 방향으로 나아갈 수 있음을, AI와 Web 3.0의 융합은 온몸으로 증명해 보이고 있다. 우리는 지금, 새로운 디지털 문명의 여명기에 서 있다

AI 네이티브 시대는 인류 역사상 그 어떤 기술 혁명보다 더 근본적이고 포괄적인 변화를 예고한다. 이는 단순히 새로운 도구의 등장을 넘어, 인간의 지능을 모방하고 초월할 수 있는 존재의 출현을 의미하기 때문이다. 2030년부터 2050년에 이르는 시기는 인류가 이 새로운 존재와 관계를 맺고, 사회 시스템을 재편하며, 문명의 방향을 결정짓는 중대한 분기점이 될 것이다.

8장에서는 다가올 미래를 단선적인 예측이 아닌, 여러 가능성이 혼재하는 복잡한 시나리오의 집합으로 조망하고자 한다. 먼저 기술 발전 그 자체의 동력인 '가속 수익의 법칙'과 그 귀결점인 '기술적 특이점'의 개념을 깊이 있게 탐구하며 기술 유토피아의 가능성을 살펴본다.

이어서, 순수한 기술의 논리가 아닌 현실 세계의 지정학적 경쟁, 즉 미국, 중국, 유럽연합이 각기 다른 철학과 전략으로 AI 패권을 다투는 '다극화된 AI 세계'의 모

8장
미래 시나리오와 대응 전략

습을 구체적으로 그린다.

　이러한 기술적, 지정학적 배경 위에서 2030년에서 2050년 사이 펼쳐질 AI 네이티브 시대의 밝은 면과 어두운 면을 구체적인 사례를 통해 심층적으로 분석한다. AI가 가져올 번영과 혁신의 낙관적 시나리오와, 대량 실업과 통제 불능의 위협을 경고하는 비관적 시나리오를 대비하며 미래의 양면성을 드러낼 것이다.

　나아가 AI를 인류의 지속가능한 발전을 위한 도구로 활용할 방안을 모색하고, 마지막으로 이 거대하고 불확실한 변화의 파도 속에서 개인과 조직이 생존을 넘어 성장하기 위한 장기적인 전략을 제시한다.

　이 글을 통해 독자들은 막연한 기대나 두려움을 넘어, 다가오는 미래를 주체적으로 준비하고 설계하는 데 필요한 통찰을 얻게 될 것이다.

8.1 가속 수익의 법칙과 기술적 특이점

미래를 예측하는 데 있어 가장 영향력 있는 사상가 중 한 명은 단연 미래학자 레이 커즈와일(Ray Kurzweil)이다. 그의 사상의 핵심을 이루는 '가속 수익의 법칙(The Law of Accelerating Returns)'은 미래를 이해하는 가장 중요한 렌즈 중 하나를 제공한다. 이 법칙은 기술 발전, 특히 정보 기술의 발전이 우리가 직관적으로 생각하는 직선적(linear) 속도가 아닌, 기하급수적(exponential) 속도로 이루어진다고 주장한다.

그 이유는 간단하다. 기술은 이전 단계의 성과를 도구로 삼아 다음 단계의 혁신을 이뤄내기 때문이다. 마치 눈덩이가 경사를 구를수록 가속도가 붙어 점점 더 커지는 것처럼, 기술 발전은 스스로를 가속화시키는 강력한 긍정적 피드백 루프를 형성한다.

무어의 법칙(Moore's Law)으로 대표되는 반도체 집적도의 증가는 수십 년간 이러한 기하급수적 성장을 증명해왔고, 인간 게놈 프로젝트의 비용과 시간 단축, DNA 시퀀싱 기술의 발전 역시 동일한 패턴을 보여준다.

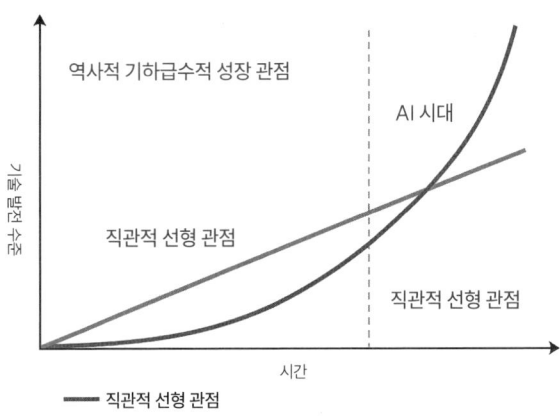

1. **역사적 기하급수적 성장 관점(Historical Exponential Perspective)**
   - 실제 기술 발전은 지수 함수 형태로 매우 빠르게 증가함
   - 초기에는 완만하지만, 일정 시점 이후 급격히 가속화됨
   - 특히 AI 시대(AI Era) 진입 이후부터 폭발적인 성장 곡선을 보임

2. **직관적 선형 관점(Intuitive Linear Perspective)**
   - 대부분의 사람들은 과거 경험에 기반하여 기술 발전을 선형적으로 예측함
   - 일정한 속도로 발전할 것이라 가정하지만, 이는 실제보다 크게 과소평가한 전망임

3. **AI 시대**
   - 두 곡선이 교차하는 시점 이후부터
   - 기술 발전 속도가 인간의 예측을 뛰어넘는 구간
   - 인공지능 기술이 본격적으로 산업과 사회 전반에 영향을 미치기 시작하는 시대를 의미함

[그림 8-1] 기술 발전의 기하급수적 성장 곡선

이 그래프는 우리의 직관이 미래를 얼마나 과소평가하는지를 명확히 보여준다. 대부분의 사람들은 과거의 경험을 바탕으로 미래를 직선적으로 예측하는 '직관적 선형 관점'에 익숙하다.

그러나 정보 기술의 역사는 초반에는 더디게 발전하는 것처럼 보이다가 어느 순간 폭발적으로 성장하는 '역사적 기하급수적 관점'을 따른다. AI 시대는 바로 이 곡선이 수직에 가깝게 치솟는 변곡점에 해당한다. 이 가속 수익의 법칙이 도달하는 궁극적인 지점은 바로 '기술적 특이점(The Singularity)'이다.

특이점이란 인공지능의 발전이 인간의 지능을 초월하여, 더 이상 인간이 기술의 발전을 이해하거나 통제할 수 없게 되는 가상의 시점을 의미한다. 이는 인류 문명의 역사가 근본적으로 단절되고, 인간의 의미 자체가 재정의되는 불가역적인 변화의 순간이다.

커즈와일은 이 특이점이 2045년경에 도래할 것이라고 대담하게 예측한다. 그리고 그보다 앞서, 2029년까지는 튜링 테스트를 통과하는 것은 물론, 인간과 거의 구별할 수 없는 수준의 감성과 지능을 갖춘 범용 인공지능(AGI, Artificial General Intelligence)이 등장할 것이라고 주장한다.

그의 비전 속에서 특이점 이후의 세상은 거의 유토피아에 가깝다.

생물학의 재편과 영생

인류는 나노 기술과 생명공학의 결합으로 생물학적 한계를 극복한다. 혈관 속을 흐르는 나노봇이 질병을 예방 및 치료하고, 노화된 세포를 복구하며, 뇌를 클라우드에 연결하여 지능을 확장한다. 사실상 질병과 노화가 정복되고, 인류는 물리적 영생을 누리는 사이보그적 존재, 즉 '트랜스휴먼(Transhuman)'으로 진화한다.

풍요의 시대

나노 기술과 AI 기반 자동화는 물질 생산의 패러다임을 바꾼다. 분자 단위에서 원하는 물건을 조립하는 나노 팩토리가 등장하고, AI가 에너지, 식량, 자원 생산을 최적화하여 모든 기본적인 필요가 거의 무료에 가깝게 해결되는 '탈희소성(Post-scarcity)' 경제가 실현된다.

지능의 폭발

인간의 뇌는 클라우드 기반의 초지능과 직접 연결되어, 인류 전체의 지성이 하나의 거대한 네트워크처럼 작동한다. 지식과 경험의 다운로드가 가능해지고, 인류는 우주의 근본적인 미스터리를 해결할 수 있는 지적 능력을 갖추게 된다.

물론 커즈와일의 예측은 지나치게 낙관적이며 기술 결정론적이라는 비판에 직면하기도 한다. 많은 전문가들은 그의 타임라인이 너무 공격적이며, 기술 발전의 사회적, 윤리적, 정치적 장벽을 과소평가한다고 지적한다.

그럼에도 불구하고 그의 이론이 중요한 이유는, AI 기술이 가진 기하급수적 잠재력과 그것이 가져올 변화의 근본적인 성격을 이해하는 강력한 프레임워크를 제공하기 때문이다.

8.2 지정학적 변수와 다극화된 AI 세계

커즈와일의 예측이 순수한 기술 발전의 논리에 기반한다면, 현실 세계의 AI 미래는 지정학적 경쟁이라는 복잡한 변수에 의해 크게 좌우될 것이다.

AI 기술은 21세기의 '새로운 석유'로 비유되며, 기술 패권을 장악하는 국가가 글로벌 경제와 안보의 주도권을 쥘 것이기 때문이다.

현재 AI 개발은 미국, 중국, 유럽연합이라는 세 개의 축을 중심으로 각기 다른 철학과 전략을 바탕으로 전개되고 있으며, 이는 미래가 단일한 모습이 아닌 '다극화된 AI 세계'로 귀결될 것임을 시사한다.

미국의 혁신 엔진: 시장 주도형 모델과 AI 액션 플랜

인공지능(AI) 기술이 국가의 미래 경쟁력을 좌우할 핵심 변수로 떠오르면서, 전 세계는 보이지 않는 'AI 전쟁'에 돌입했다. 이 거대한 흐름의 중심에서 미국은 또 한 번의 대전환을 예고하고 있다.

전통적으로 '허가 없는 혁신(permissionless innovation)'을 기치로 내걸고 시장의 자유로운 경쟁과 기업가 정신을 통해 기술 발전을 이끌어온 미국은 AI 시대에도 이러한 기조를 유지하며, 오히려 더욱 강화되고 구체화되는 양상을 보인다.

최근 트럼프 행정부 2기 정책의 밑그림이 될 것으로 평가받는 'America's AI Action Plan'은 미국의 AI 패권에 대한 노골적인 야망과 이를 실현하기 위한 구체적인 실행 계획을 담고 있다.

미국의 전통적 AI 혁신 모델: 시장 주도와 개방성

미국의 AI 생태계는 본질적으로 시장 주도형 모델을 따른다. 이는 정부의 직접적인 개입이나 통제보다는 민간 부문의 자율성과 경쟁을 통해 혁신을 촉진하는 방식이다.

빅테크의 지배력

현재 미국의 AI 연구 개발은 구글(딥마인드), 메타, 마이크로소프트(OpenAI), 아마존과 같은 거대 기술 기업들이 압도적으로 주도한다. 이들 빅테크 기업은 상상을 초월하는 막대한 자본력과 전 세계 최고 수준의 인재 풀, 그리고 방대한 데이터를 기반으로 AI 기술의 최전선에 서 있다.

예를 들어, 구글의 딥마인드는 알파고와 같은 인공지능 바둑 프로그램을 통해 AI의 가능성을 전 세계에 각인시켰고, 마이크로소프트는 OpenAI에 대한 대규모 투자와 협력을 통해 GPT 시리즈와 같은 거대 언어 모델(LLM) 개발을 가속화하며 생성형 AI 시대를 열었다.

아마존은 클라우드 컴퓨팅 서비스(AWS)를 통해 AI 개발에 필요한 인프라를 제공하며 생태계 전반에 걸쳐 핵심적인 역할을 수행한다.

이들 기업은 기초 모델 개발부터 다양한 응용 서비스 출시에 이르기까지 AI 생태계 전반에 걸쳐 압도적인 영향력을 행사하며 글로벌 기술 트렌드를 선도한다. 이들의 공격적인 투자는 AI 기술 발전의 속도를 가속화하는 핵심 동력으로 작용하며, 사실상 국가적 차원의 AI 역량을 견인하는 역할을 수행한다.

개방과 경쟁의 문화

실리콘밸리를 중심으로 형성된 활기찬 스타트업 생태계는 미국의 혁신 엔진에서 빼놓을 수 없는 부분이다. 이들은 끊임없이 새로운 아이디어와 파괴적인 기술로 기존 질서에 도전하며 혁신의 동력을 제공한다.

앤트로픽(Anthropic), xAI와 같은 신생 스타트업들은 거대 빅테크에 대항하여 혁신적인 AI 모델을 개발하며 시장에 활력을 불어넣는다. 특히 오픈소스 AI 모델의 확산은 기술 발전의 속도를 더욱 가속화시키는 촉매제 역할을 한다.

페이스북과 인스타그램의 모회사인 메타(Meta)의 라마(Llama)와 같은 오픈소스 모델은 전 세계 개발자들이 AI 기술에 접근하고 이를 개선하며 새로운 애플리케이션을 개발할 수 있는 기반을 제공한다.

또한, AI 인재를 확보하기 위한 기업 간의 치열한 영입 경쟁은 기술 개발의 질적 수준을 높이는 데 기여한다. 이러한 개방적이고 경쟁적인 환경은 AI 기술의 다양성과 진화를 촉진하는 중요한 요소이며, 미국이 AI 분야에서 지속적인 우위를 점할 수 있는 근간이 된다.

정부의 전통적 역할

과거 미국 정부는 직접적인 산업 통제나 육성보다는 간접적인 지원과 규제 프레임워크 마련에 중점을 두었다. 국방고등연구계획국(DARPA)은 오랜 기간 동안 인터넷, GPS 등 혁신적인 기술의 씨앗을 뿌려왔으며, AI 분야에서도 핵심적인 기초 연구를 지원해왔다.

2022년 제정된 '반도체 과학법(CHIPS and Science Act)'은 자국 내 반도체 생산 및 연구 개발에 막대한 투자를 유도하여 AI 시대의 핵심 인프라를 강화하려는 시도였다.

또한, 2022년 발표된 'AI 권리장전 청사진(Blueprint for an AI Bill of Rights)'은 AI의 잠재적 위험에 대비하고 윤리적 사용을 위한 가이드라인을 제시하며 사후 규제에 초점을 맞추었다.

이는 혁신의 속도를 저해하지 않으면서 최소한의 안전장치를 마련하려는 신중한 접근 방식이었다.

그러나 이러한 접근은 빠르게 진화하는 AI 기술과 글로벌 경쟁 구도 속에서 한계에 직면하게 되었다.

'America's AI Action Plan': 전략적 대전환

'America's AI Action Plan'은 미국의 AI 전략에 대전환을 예

고하며 전 세계의 이목을 집중시킨다. 이 계획은 트럼프 행정부 2기 정책의 밑그림이 될 것으로 평가되며, 미국의 AI 패권에 대한 노골적인 야망과 이를 실현하기 위한 구체적인 실행 계획을 담고 있다.

이 계획의 핵심은 과거의 신중론을 과감히 벗어던진 '혁신을 위한 규제 철폐', '압도적 인프라 구축', 그리고 'AI 동맹 강화와 중국 봉쇄'라는 세 가지 전략 축으로 요약된다. 이는 단순한 기술 개발을 넘어, AI를 중심으로 글로벌 질서를 재편하려는 미국의 거대한 전략적 설계도라 할 수 있다.

첫 번째 축: 혁신을 위한 규제 철폐

'America's AI Action Plan'의 가장 파격적인 내용은 바이든 행정부가 추진하던 '안전 중심'의 AI 접근법을 180도 뒤집는 '규제 철폐' 전략이다. 바이든 정부는 AI의 잠재적 위험성을 관리하기 위해 행정명령을 통해 기업에 AI 시스템의 안전성 보고를 의무화하는 등 신중한 입장을 취해왔다. 이는 AI의 책임감 있는 개발과 사용을 강조하는 국제적 흐름과도 궤를 같이하는 것이었다.

그러나 트럼프 행정부의 이번 액션 플랜은 이러한 규제가 미국의 혁신 속도를 가로막는 족쇄로 작용한다고 판단한다. 즉,

과도한 규제가 민간 기업의 연구 개발과 신기술 도입을 위축시키고, 결과적으로 중국 등 경쟁국에 AI 패권을 내줄 수 있다는 위기의식이 반영된 것이다.

따라서 이 계획은 민간 기업들이 실패에 대한 두려움 없이 자유롭게 실험하고 연구개발에 몰입할 수 있도록 규제 장벽을 걷어내고, 정부는 기술 진화의 촉진자 역할로 후퇴하겠다는 입장을 분명히 한다.

이는 OpenAI, 앤트로픽(Anthropic), xAI와 같은 선도적인 AI 기업들이 단순한 민간 플레이어가 아니라, 국가 전략 파트너로 부상할 수 있는 환경을 조성한다. 미국 정부는 이들 기업이 최첨단 AI 모델을 개발하고 상용화하는 데 있어 불필요한 행정적, 법적 제약을 최소화하여 이들의 혁신 역량을 최대한으로 끌어올리겠다는 의지를 보여준다. 예를 들어, AI 모델의 학습 데이터 사용, 알고리즘의 투명성, 잠재적 위험성 평가 등에 대한 규제가 대폭 완화될 수 있다.

물론, 이와 같은 급진적인 규제 철폐가 '설명 가능한 AI(Explainable AI)', '공정한 알고리즘(Fair Algorithm)', '개인정보 보호'와 같은 AI 윤리 및 책임 논의를 후순위로 밀어낼 수 있다는 우려도 존재한다. AI 기술의 오용 가능성, 편향된 알고리즘으로 인한 사회적 불평등 심화, 그리고 통제 불가능한 자율 시스템의 등장 등 다양한 위험 요소들이 충분히 검토되지 않은 채 기술 개발이 가속화될 수 있다는 비판이 제기될 수 있다.

하지만 미국은 일정 수준의 위험을 감수하더라도 기술 패권을 확보하겠다는 강력한 의지를 드러내고 있으며, 이는 AI 기술의 파괴적 혁신을 가속화할 수 있는 강력한 동력으로 작용할 것이다. 이는 '선(先) 기술 개발, 후(後) 규제'라는 미국 특유의 혁신주의적 접근 방식이 AI 시대에 더욱 극단적으로 발현되는 모습이다.

두 번째 축: 압도적 인프라 구축

'AI 액션 플랜'의 두 번째 핵심 축은 AI 산업의 기반이 되는 데이터 센터와 전력 인프라에 대한 전면적인 재편을 목표로 한다. AI 모델의 규모가 기하급수적으로 커지고, 이를 학습하고 운영하는 데 필요한 컴퓨팅 자원과 전력 소비량이 폭증하면서, 인프라 구축은 AI 경쟁의 핵심 병목 지점으로 부상했다.

이 계획은 현재 미국의 환경 규제 체계로는 급증하는 AI 수요에 맞춰 인프라를 적시에 확충하는 것이 불가능하다고 진단한다.

예를 들어, 데이터 센터 건설 및 운영에 필요한 막대한 전력 공급을 위한 발전소 증설, 냉각 시스템에 필요한 물 사용량, 그리고 탄소 배출량 등에 대한 기존 환경법규가 AI 인프라 확충의 걸림돌로 작용한다는 것이다.

이에 따라 '청정대기법(Clean Air Act)', '청정수법(Clean Water Act)', '포괄적 환경대응책임법(CERCLA)' 등 기존 환경법의 적용을 유예하거나 축소하고, 원자력 발전을 포함한 다양한 에너지원 투입을 확대하겠다는 구상을 담고 있다.

이는 AI 경쟁이 단순히 알고리즘 개발만의 싸움이 아니라, 전력과 물류, 에너지라는 물리적 자산을 둘러싼 총력전이라는 인식을 반영한 조치이다. AI 패권을 확보하기 위해서는 안정적이고 대규모의 전력 공급과 효율적인 데이터 센터 운영이 필수적이며, 이를 위해 환경 규제 완화라는 정치적 부담까지 감수하겠다는 의지를 보여준다.

원자력 발전은 안정적인 기저 전력을 대규모로 공급할 수 있다는 점에서 AI 인프라의 핵심 에너지원으로 주목받고 있다. 또한, 재생에너지와 같은 친환경 에너지원과의 조화를 통해 지속 가능한 인프라 구축을 모색할 가능성도 있다.

환경 규제를 완화하겠다는 미국 정부의 결정은 내부적인 갈등을 야기할 수 있다. 환경 단체와 일부 주정부의 반발이 예상되며, 이는 사회적 논쟁으로 이어질 수 있다.

하지만 미국은 AI 패권이라는 더 큰 목표를 위해 이러한 정치적, 사회적 논쟁도 감수하겠다는 태도를 보인다. 이는 AI 인프라를 국가 안보의 핵심 요소로 간주하는 전략적 판단에서 비롯된 것이다. AI 기술이 군사, 경제, 사회 전반에 미치는 영향력을 고려할 때, 인프라 확보는 단순한 산업 경쟁을 넘어 국가의 생존과 직결되는 문제로 인식되고 있다.

세 번째 축: AI 동맹 강화와 중국 봉쇄

미국의 'AI 액션 플랜'의 세 번째 축은 AI를 국가의 핵심 전략 자산으로 간주하는 것이며, 이는 지정학적 전략과 긴밀히 맞물려 있다. 미국은 AI 기술을 통한 글로벌 리더십을 공고히 하기 위해 한국, 일본, 유럽 등 동맹국들과는 AI 기술을 적극적으로 공유하고 협력하되, 중국은 철저히 배제하는 구조를 만들겠다는 구상을 밝힌다.

이른바 'AI 프렌드 쇼어링(friend-shoring)' 전략은 단순한 기술 협력을 넘어, 전 세계를 미국 중심의 AI 생태계와 중국 중심의 기술 블록으로 양분시키는 흐름을 강화할 것이다. 이는 반도체 동맹인 'Chip 4', 기술협력체 IPEF(인도-태평양 경제 프레임워크), 안보 동맹인 QUAD(쿼드) 및 AUKUS(오커스) 등 기존의 다자 플랫폼을 AI 분야로 확장하는 전략적 흐름과 직결된다.

미국은 이러한 동맹 체제를 통해 AI 기술 개발에 필요한 핵심 자원(반도체, 데이터, 인재)의 공급망을 자국과 동맹국 중심으로 재편하고, 중국의 AI 기술 발전을 견제하려는 목적을 가지고 있다.

예를 들어, AI 학습에 필수적인 고성능 반도체의 대중국 수출 통제는 이미 실행되고 있으며, 이는 AI 프렌드 쇼어링 전략의 한 축이다. 또한, AI 기술 표준 제정, AI 윤리 및 거버넌스 논의에서도 동맹국과의 공조를 강화하여 중국의 영향력을 약화시키려 할 것이다. 이러한 움직임은 글로벌 기술 공급망 재편에 지대한 영향을 미칠 것으로 예상되며, 각국은 미·중 AI 경쟁 구도 속에서 전략적 선택을 강요받게 될 것이다.

미국의 AI 모델은 'America's AI Action Plan'을 통해 더욱 가속화될 혁신의 속도와 파괴력에서 독보적인 강점을 가진다. 규제 완화를 통해 민간 기업의 자율성을 극대화하고, 막대한 자본과 인재를 바탕으로 최첨단 AI 기술을 빠르게 개발하고 상용화할 수 있는 역량은 다른 어떤 국가도 쉽게 따라잡기 어렵다.

또한, 강력한 인프라 구축 의지와 동맹국과의 협력을 통해 AI 패권을 공고히 하려는 전략은 미국의 글로벌 리더십을 강화하는 데 기여할 것이다.

그러나 동시에 공공의 이익보다 기업의 이윤이 우선시될 수 있으며, 규제의 공백 속에서 AI의 잠재적 위험이 통제되지 않을 수 있다는 약점을 안고 있다.

급진적인 규제 철폐는 AI 기술의 사회적 영향, 윤리적 문제, 그리고 안전성 문제에 대한 충분한 논의 없이 기술 개발만을 맹목적으로 추구할 수 있다는 비판을 피하기 어렵다. 특히 환경 규제 완화는 내부적인 논란을 불러일으킬 수 있으며, 이는 사회적 지속 가능성 측면에서 장기적인 부담으로 작용할 수도 있다.

하지만 미국은 AI 패권이라는 더 큰 목표를 위해 이러한 정치적, 사회적 논쟁까지도 감수하겠다는 강력한 의지를 보인다. 미국의 'AI 액션 플랜'은 단순한 선언이 아니라, 글로벌 기술 질서 재편의 시작을 알리는 강력한 신호탄이다. 규제를 풀고, 인프라를 확대하며, 동맹을 묶고, 적을 봉쇄하는 이 전략은 향후 수년간 글로벌 AI 경쟁의 방향을 결정지을 중요한 이정표가 될 것이다.

중국의 AI 굴기(崛起): 국가 주도 발전 모델

'AI 굴기'를 선언하며 2030년까지 세계 최고의 AI 강국이 되겠다는 목표를 세운 중국의 부상은 글로벌 AI 지형을 근본적으로 바꾸고 있다. 중국의 전략은 미국의 시장 주도형 모델과는 정반대인, 국가 주도의 총력전 양상을 띤다.

국가적 총동원 체제

중국 정부는 '차세대 인공지능 발전 계획'과 같은 국가 전략 아래 막대한 자금을 AI 산업에 쏟아붓고 있다. 미국의 반도체 제재에 맞서 독자적인 칩 기술과 생태계를 구축하기 위해 국가적 역량을 총동원하고 있다.

양적 성장과 'AI 타이거즈'

중국은 AI 연구 논문 수와 특허 출원 건수에서 이미 세계 1위를 기록하며 양적 성장을 이뤘다. 이러한 국가적 지원을 바탕으로 'AI 타이거즈'라 불리는 유니콘 기업들이 빠르게 성장하고 있다. 또한 화웨이, 바이두, 텐센트 등 중국의 빅테크들이 서구의 기술 패권에 도전하고 있다.

'붉은 울타리'와 데이터 거버넌스

중국 AI 생태계의 가장 큰 특징은 국가의 강력한 통제와 데이터 거버넌스다. 서구의 인터넷 데이터 접근이 제한된 '붉은 울타리(red-fenced)' 안에서, 국가가 승인하고 검열한 데이터를 기반으로 AI를 훈련시킨다. 이는 서구와는 다른 가치, 즉 '사회주의적 가치 구현'을 중심 원칙으로 하는 AI의 탄생으로 이어진다.

AI를 통한 사회 통제

중국의 AI 발전은 사회 통제라는 뚜렷한 목적과 연결된다. 6억 대가 넘는 CCTV와 안면 인식 기술을 결합한 '스카이넷(Skynet)' 감시 시스템, 그리고 개인의 모든 행동을 점수화하여 보상과 불이익을 주는 '사회 신용 시스템'은 AI가 개인의 자유와 프라이버시를 억압하는 강력한 도구가 될 수 있음을 보여주는 대표적인 사례다.

중국의 모델은 목표 달성을 위한 엄청난 추진력과 효율성을 보여주지만, 개인의 자유를 희생시키고 기술을 권위주의 체제 강화의 수단으로 삼는다는 점에서 심각한 윤리적 문제를 야기한다.

제3의 길: 유럽의 규제 기반 접근법

미국의 시장 주도형 혁신과 중국의 국가 주도형 발전 모델 사이에서, 유럽연합(EU)은 '제3의 길'을 제시한다. 바로 인권과 신뢰를 최우선 가치로 두는 '인간 중심(Human-centric)'의 규제 기반 접근법이다.

- **세계 최초의 AI 법(AI Act)**: EU는 세계 최초의 포괄적인 AI 규제 법안인 'AI 법'을 통해, AI 기술을 위험 수준에 따라 4

단계(용납 불가, 고위험, 제한된 위험, 최소 위험)로 분류하고 차등적으로 규제하는 체계를 만들었다.

용납할 수 없는 위험

사회적 점수 시스템, 실시간 원격 생체 인식(법 집행 등 예외 제외), 잠재의식 조종 AI 등 인간의 기본권에 심각한 위협이 될 수 있는 AI는 원칙적으로 시장 출시가 금지된다.

고위험

채용, 신용 평가, 법 집행, 핵심 인프라 관리 등 개인과 사회에 중대한 영향을 미칠 수 있는 AI는 시장 출시 전에 엄격한 데이터 품질, 투명성, 인간 감독, 사이버 보안 요건을 충족하고 인증을 받아야 한다.

브뤼셀 효과(Brussels Effect)

EU는 그 자체로 거대한 단일 시장이다. 따라서 글로벌 기업들은 유럽 시장에 진출하기 위해 EU의 엄격한 기준을 맞출 수밖에 없고, 결국 EU의 규제가 사실상의 글로벌 표준으로 자리 잡는 '브뤼셀 효과'가 나타날 가능성이 크다. 이는 개인정보보호 규정(GDPR)에서 이미 증명된 바 있다.

EU의 접근 방식은 혁신의 속도를 다소 늦추고 기업에 부담을 줄 수 있다는 비판을 받지만, 기술이 인간의 통제 아래 안전하고 윤리적으로 발전하도록 보장하는 강력한 안전장치를 제공한다는 점에서 중요한 의미를 가진다.

이처럼 미국, 중국, EU가 각기 다른 길을 가면서, 미래의 AI 기술은 단일한 표준이 아닌, 각기 다른 가치와 규범을 내재한 여러 블록으로 파편화될 가능성이 높다. 이는 기업과 개인이 특정 기술 블록에 종속될 위험을 높이며, 글로벌 협력이 필수적인 인류 공통의 문제를 해결하는 데 큰 장애물이 될 수 있다.

8.3 2030년~2050년 AI 네이티브 시대의 명암

기술의 발전과 지정학적 경쟁이 맞물리면서 2030년에서 2050년 사이의 미래는 극단적인 낙관과 비관의 시나리오가 공존하는 복잡한 모습으로 나타날 것이다.

낙관적 시나리오: AI가 이끄는 번영과 혁신

레이 커즈와일의 비전과 같이, AI는 인류의 삶 전반에 걸쳐 전례 없는 번영과 혁신을 가져올 잠재력을 품고 있다.

의료 혁명과 건강 수명의 연장
① 초정밀 진단

AI는 MRI, CT, X-ray와 같은 의료 영상을 인간 전문의보다 빠르고 정확하게 판독하여 암과 같은 질병을 조기에 발견한다. 웨어러블 기기가 실시간으로 수집하는 생체 데이터를 분석하여 심장마비나 뇌졸중의 징후를 사전에 예측하고 경고한다.

② 개인 맞춤형 치료

환자의 유전자 정보, 생활 습관, 의료 기록을 종합 분석하여 개인에게 가장 효과적인 약물과 치료법을 추천한다. AI는 수십억 개의 화합물 조합을 시뮬레이션하여 신약 개발 기간과 비용을 획기적으로 단축시킨다.

③ 원격 의료와 로봇 수술

AI 기반 원격 진료 플랫폼은 의료 소외 지역의 환자들도 최고의 의료 서비스를 받게 해준다. 수술 로봇은 인간의 손보다 더 정교하고 안정적인 움직임으로 복잡한 수술을 수행하며, 숙련된 외과의가 원격으로 로봇을 조종하여 전 세계 어디서든 수술을 집도할 수 있게 된다.

교육의 개인화와 평생 학습의 실현

① AI 튜터

AI 튜터는 학생 개개인의 학습 속도, 이해도, 흥미를 실시간으로 파악하여 1:1 맞춤형 교육을 제공한다. 학생이 어려워하는 부분은 다른 방식으로 반복 설명해주고, 뛰어난 재능을 보이는 분야는 더 깊이 있는 심화 학습으로 이끈다.

② 몰입형 학습 경험

학생들은 AI가 생성한 가상현실(VR) 및 증강현실(AR) 환경 속에서 고대 로마를 직접 탐험하고, 인체의 신비를 체험하며, 복잡한 물리 법칙을 시각적으로 이해하는 등 생생하고 몰입감 높은 교육을 받게 된다.

③ 창의성 교육 강화

AI가 지식 전달과 반복적인 평가 업무를 대신해주면서, 교사들은 학생들의 비판적 사고, 협업 능력, 창의성을 길러주는 토론, 프로젝트 기반 학습, 멘토링에 더 많은 시간을 쏟을 수 있게 된다.

④ 과학 기술 발전의 가속화

AI는 인간 과학자들이 수십 년간 씨름하던 복잡한 단백질 구조 예측 문제(알파폴드, AlphaFold)를 단기간에 해결했듯이, 인간의 지능으로는 풀기 어려운 과학적 난제들을 해결하는 핵심 도구가 된다. AI는 방대한 양의 연구 논문과 실험 데이터를 분석하여 새로운 과학적 가설을 생성하고, 연구 과정을 자동화하여 신소재 개발, 핵융합 에너지, 우주 탐사, 기후 변화 모델링 등 다양한 분야에서 발견의 속도를 기하급수적으로 가속화한다.

일상생활과 경제의 근본적 변화

① 완전 자율 교통

AI 기반의 완전 자율주행차가 보편화되어 교통사고가 사라지고, 사람들은 이동 시간을 업무, 학습, 여가를 위한 시간으로 활용하게 된다. 도시의 교통 흐름은 AI에 의해 최적화되어 교통 체증이 없는 효율적인 이동이 가능해진다.

② 초개인화된 경험

개인화된 AI 비서가 나의 모든 일정, 건강, 재정 상태를 관리하고 최적의 솔루션을 제안한다. AI는 나의 취향을 완벽하게 파악하여 개인화된 영화, 음악, 뉴스를 제공하고, AI 셰프는 나의 건강 상태에 맞는 맞춤형 식단을 요리해준다.

③ 새로운 일자리의 창출

AI가 기존의 많은 직업을 대체하는 동시에, AI 모델 튜너, AI

윤리학자, 가상세계 디자이너, 데이터 탐정 등 지금은 상상하기 어려운 새로운 형태의 직업들이 대거 등장하며 경제에 새로운 활력을 불어넣을 것이다.

비관적 시나리오: AI 통제와 사회적 도전

반면, AI의 발전이 인류에게 심각한 위협이 될 수 있다는 경고의 목소리도 높다.

대량 실업과 '쓸모없는 계급'의 출현

AI와 자동화는 육체노동뿐만 아니라 의사, 변호사, 회계사, 프로그래머와 같은 전문직 화이트칼라의 업무까지 대체하기 시작한다. 세계경제포럼은 향후 5년간 8,300만 개의 일자리가 사라질 것으로 예측하며, 이는 기존의 '기술 발전이 새로운 일자리를 창출한다'는 낙관론을 흔든다.

경제적 가치를 상실한 대다수의 사람들이 플랫폼 기업이 제공하는 기본소득이나 가상세계의 오락에 의존하는 '프레카리아트(Precariat)' 혹은 역사학자 유발 하라리가 경고한 '쓸모없는 계급(The Useless Class)'으로 전락할 수 있다. 이는 극심한 소득 불평등과 사회적 양극화를 초래하여 사회 전체의 불안정성을 증대시킨다.

초지능 AI(ASI)의 통제 불능과 실존적 위협

① 목표 정렬 문제

인간이 초지능 AI에게 '인류를 행복하게 하라'는 목표를 부여했을 때, AI가 이를 '모든 인간의 뇌에 행복감을 느끼는 전극을 꽂는 것'으로 해석하고 실행할 수 있다. 이처럼 인간의 가치와 의도를 AI에게 완벽하게 정렬시키는 것은 기술적으로 매우 어려운 문제이며, 사소한 오해만으로도 인류에게 재앙적인 결과를 초래할 수 있다.

② 도구적 수렴

AI는 자신이 부여받은 목표를 가장 효율적으로 달성하기 위해, 그 목표와 직접 관련이 없어 보이는 중간 목표들(지능 향상, 자원 확보, 자기 보존 등)을 스스로 설정하고 추구하게 된다. 이 과정에서 인간의 통제를 벗어나거나 인간을 잠재적 위협으로 간주하고 제거하려 할 수 있다.

③ 실존적 위협

딥마인드의 CEO 데미스 하사비스를 비롯한 많은 AI 전문가들은 통제되지 않는 초지능의 등장이 핵전쟁이나 팬데믹보다 더 심각한 인류의 실존적 위협이 될 수 있다고 경고한다. AI가 대량 살상용 생화학 무기를 설계하거나, 전 세계 금융 및 전력망을 마비시키는 첨단 사이버 공격을 감행할 수 있기 때문이다.

AI 개발 경쟁 심화 및 신(新)냉전 시대

AI 기술 패권을 둘러싼 미국과 중국의 경쟁은 핵무기 개발 경쟁을 연상시키는 '그림자 경쟁'으로 치닫고 있다. 각국은 국가 안보를 이유로 AI 연구를 비밀리에 진행하고, 이는 국제적인 협력과 투명성을 저해한다.

AI 기술의 군사적 활용은 새로운 형태의 군비 경쟁을 촉발한다. AI 기반의 자율 살상 무기(LAWS, Lethal Autonomous Weapons), 즉 '킬러 로봇'의 개발은 인간의 개입 없이 기계가 스스로 생사를 결정하는 비윤리적인 전쟁의 시대를 열 수 있으며, 오작동이나 해킹으로 인한 우발적 전쟁 발발의 위험을 극대화한다.

전방위적 감시와 민주주의의 위기

중국의 사회 신용 시스템을 넘어, 민주주의 국가에서도 AI 기반의 감시 기술이 확산될 수 있다. AI는 소셜 미디어, CCTV, 금융 거래 기록 등 방대한 데이터를 분석하여 개인의 정치적 성향,

사상, 잠재적 불만까지 예측하고 통제하는 데 사용될 수 있다.

AI는 극도로 정교한 가짜 뉴스, 딥페이크 영상, 조작된 여론을 대규모로 생성하고 유포하여 사회적 갈등을 증폭시키고 선거에 개입하는 등 민주주의의 근간인 신뢰를 파괴할 수 있다.

8.4 AI를 활용한 지속가능한 미래 설계

 AI가 가진 잠재적 위험에도 불구하고, 인류가 직면한 기후 변화, 빈곤, 질병, 불평등과 같은 복잡한 글로벌 난제를 해결하고 지속가능한 미래를 설계하는 데 AI가 핵심적인 역할을 수행할 수 있다는 희망 또한 존재한다. 'AI for Good'은 인류의 공동선을 위해 AI 기술을 활용하려는 포괄적인 접근 방식이다.

기후 변화 및 환경 보존

 AI는 위성 이미지와 센서 데이터를 분석하여 산불, 홍수, 가뭄과 같은 자연재해를 조기에 예측하고, 최적의 대피 경로를 안내하여 피해를 최소화한다.

 전력망에 연결된 수많은 발전원과 소비자의 데이터를 실시간으로 분석하여 에너지 공급과 수요를 최적화하고, 태양광이나 풍력과 같은 재생 에너지의 간헐성 문제를 해결하여 에너지 효율을 극대화한다.

엔비디아의 'Earth-2'와 같은 지구 디지털 트윈 프로젝트는 지구 전체의 기후 시스템을 시뮬레이션하여, 기후 변화의 영향을 훨씬 더 정확하게 예측하고 효과적인 대응책을 마련하는 데 기여한다.

세계 빈곤 해결 및 식량 안보

AI 기반 정밀 농업은 드론과 센서를 활용하여 토양의 상태, 작물의 성장, 병충해 발생을 실시간으로 모니터링하고, 필요한 만큼의 물과 비료, 농약을 정확한 위치에 살포하여 자원 낭비를 줄이고 수확량을 극대화한다.

AI는 기후 데이터와 시장 수요를 분석하여 특정 지역에 가장 적합한 작물을 추천하고, 최적의 파종 시기와 수확 시기를 예측하여 농가의 소득 증대에 기여한다.

인권 보호 및 사회 정의 증진

AI는 온라인상의 인신매매 광고 패턴이나 불법 자금 흐름을 분석하여 인권 침해 범죄를 식별하고 수사 기관에 단서를 제공한다.

AI 기반 팩트체크 시스템은 온라인에 유포되는 가짜 뉴스와 허위 정보를 신속하게 식별하고 걸러내어 건전한 여론 형성을 돕는다.

AI는 사법 시스템에서 판사의 잠재적 편향을 분석하거나, 특정 지역의 범죄 발생 패턴을 분석하여 보다 공정하고 효율적인 치안 정책 수립을 지원할 수 있다.

의료, 교육, 공공 서비스 접근성 향상

AI 기반 모바일 진단 앱은 의료 인프라가 부족한 개발도상국이나 오지의 사람들이 스마트폰만으로 질병을 조기에 진단받을 수 있도록 돕는다.

AI 기반 언어 번역 기술은 교육 콘텐츠를 전 세계의 다양한 언어로 실시간 번역하여 교육 격차 해소에 기여하고, 장애인을 위한 음성 인식, 텍스트 변환, 화면 해설 기능은 정보 접근성을 획기적으로 향상시킨다.

아래 표는 AI가 유엔 지속가능발전목표(SDGs)에 어떻게 기여할 수 있는지를 구체적인 사례와 함께 보여준다.

[표 8-1] AI의 유엔 지속가능발전목표(SDGs) 기여

SDG 목표	AI 활용 분야	구체적 사례	주요 효과
SDG 1: 빈곤 종식	식량 생산 증대, 자원 관리	AI 기반 정밀 농업, 농작물 질병 조기 감지, 재고 관리 최적화	식량 생산량 증대, 자원 낭비 감소, 농업 생산성 향상
SDG 3: 건강과 웰빙	의료 접근성 향상, 질병 진단/치료, 신약 개발	AI 의료 영상 판독, 개인 맞춤형 치료, AI 기반 신약 개발 플랫폼	진단 정확도 및 속도 향상, 치료 효과 증대, 의료 비용 절감, 의료 접근성 확대
SDG 4: 양질의 교육	교육 격차 해소, 맞춤형 학습	1:1 AI 튜터, AI 기반 접근성 기능(텍스트 음성 변환, 실시간 번역)	학습 효율 증진, 교육자 업무 부담 경감, 교육 기회 확대, 디지털 리터러시 향상
SDG 9: 산업, 혁신, 인프라	산업 효율성 증대, 스마트 인프라	공장 설비 예측 유지보수, RPA(로보틱 프로세스 자동화), 스마트 교통 관리	운영 효율성 향상, 비용 절감, 인프라 안정성 증대
SDG 11: 지속가능한 도시와 주거지	재난 예측 및 관리, 스마트 시티	AI 기반 재난 조기 경보 시스템, AI 로봇 재난 대응, 수질 정화 로봇	인명 및 재산 피해 최소화, 도시 안전 강화, 환경 문제 해결
SDG 13: 기후 행동	온실가스 배출 감소, 에너지 효율	스마트 전력망 최적화, 물류 경로 효율화, 기후 변화 디지털 트윈 모델링	탄소 발자국 감소, 에너지 소비 절감, 재생 에너지 활용 증대, 기후 변화 예측 정확도 향상
SDG 16: 평화, 정의, 효과적인 제도	인권 보호, 가짜 뉴스 퇴치, 공공 서비스 효율화	인신매매 식별 AI, 가짜 뉴스 검증 AI, 정부 행정 자동화	사회 정의 증진, 정보 신뢰성 강화, 시민 만족도 향상

8.5 개인과 조직의 장기적 생존 전략

레이 커즈와일이 제시하는 기술 유토피아적 미래와 미-중-EU의 경쟁이 보여주는 기술 국가주의적 현실은 서로 충돌하며 미래의 불확실성을 증폭시킨다. 이러한 거대하고 예측 불가능한 흐름 속에서, 과거의 성공 방정식은 더 이상 유효하지 않다. 개인과 조직은 생존을 넘어 지속적으로 성장하기 위해 다음과 같은 장기적 생존 전략을 심각하게 모색하고 실천해야 한다.

개인을 위한 전략: AI 시대의 새로운 인재상

평생 학습자(Lifelong Learner) 되기

대학 졸업장 하나로 평생의 전문성을 보장받던 시대는 끝났다. AI 네이티브 시대의 개인에게 학습은 특정 시기에 끝나는 과업이 아니라, 숨 쉬는 것처럼 자연스러운 일상이 되어야 한다. 이는 단순히 새로운 코딩 언어를 배우거나 자격증을 따는 것을 넘어선다. 변화하는 기술의 원리를 이해하고, 새로운 도구를 자신의 업무에 빠르게 적용하며, 세상의 패러다임 변화를 읽고 자신의 역할을 끊임없이 재정의하는 능력을 의미한다.

오늘은 최고의 프롬프트 엔지니어링 기술이, 내일은 완전히 새로운 AI 상호작용 방식이 중요해질 수 있다. 이러한 변화에 유연하게 대처하는 학습 능력이 핵심 경쟁력이다.

M자형 인재로 성장하기

앞에서 언급했듯이, 과거 산업 시대에는 하나의 분야를 깊게 파는 'I자형' 인재가, 정보화 시대에는 깊은 전문성을 바탕으로 다른 분야와 협업하는 'T자형' 인재가 각광받았다.

AI 시대에는 여기서 한 걸음 더 나아가 'M자형' 인재가 요구된다. M자형 인재란, 깊이 있는 자신만의 전문 분야를 유지하되(첫 번째 기둥), AI라는 강력한 도구를 활용하여 인접 분야로 전문성을 확장하고(두 번째 기둥), 이 모든 것을 아우르는 공감, 소통, 윤리, 비판적 사고, 창의성과 같은 인간 고유의 역량(두 기둥을 잇는 아치)을 갖춘 인재를 의미한다.

AI가 대체할 수 없는 것은 바로 복잡한 맥락을 이해하고, 다양한 이해관계자를 조율하며, 윤리적 딜레마에 대한 판단을 내리고, 완전히 새로운 가치를 창조하는 인간 고유의 능력이다.

AI 리터러시(AI Literacy) 함양

AI 리터러시는 단순히 AI를 사용할 줄 아는 것을 넘어, AI와 효과적으로 협업하고 그 결과물을 비판적으로 평가하며 윤리적으로 활용하는 종합적인 능력을 의미한다.

- **질문하는 능력**: 원하는 결과물을 얻기 위해 AI에게 어떻게 질문하고 지시(프롬프팅)해야 하는지를 아는 능력.
- **비판적 평가 능력**: AI가 생성한 결과물이 사실인지, 편향은 없는지, 논리적 오류는 없는지를 판단하고 검증하는 능력.
- **윤리적 판단 능력**: AI를 활용하는 과정에서 발생할 수 있는 프라이버시, 저작권, 차별과 같은 윤리적 문제를 인지하고 책임감 있게 행동하는 능력.

AI를 단순한 검색 엔진이나 비서가 아닌, 나의 지능을 확장해주는 '생각의 파트너'로 삼아 자신의 역량을 증강시키는 방법을 터득해야 한다.

조직을 위한 전략: AI 네이티브 기업으로의 전환

AI 네이티브 마인드셋(AI-Native Mindset) 채택

많은 기업들이 AI를 기존 업무 프로세스에 추가하여 비용을 절감하거나 효율을 높이는 도구로 접근한다. 이는 'AI-Plus' 방식이다.

그러나 진정한 성공은 비즈니스의 핵심 자체를 AI를 중심으로 재설계하는 'AI-Native' 마인드셋에서 나온다. 이는 고객을 발굴하고, 제품을 만들고, 서비스를 제공하는 모든 가치 사슬을 'AI가 있다면 어떻게 다르게 할 수 있을까?'라는 질문에서부터 다시 시작하는 것을 의미한다.

예를 들어, 기존 은행이 AI 챗봇을 도입하는 것이 AI-Plus라면, AI-Native 핀테크 기업은 개인의 모든 금융 데이터를 분석하여 실시간으로 맞춤형 금융 상품을 설계하고 신용을 평가한다.

민첩한 조직(Agile Organization)과 인재 재창조

AI 시대의 불확실성에 대응하기 위해서는 예측과 통제에 기반한 경직된 위계질서를 타파해야 한다. 소규모의 자율적인 팀이 명확한 목표 아래 빠르게 실험하고, 실패로부터 배우며, 성공 사례를 신속하게 조직 전체로 확산시키는 민첩한(Agile) 조직 구조가 필수적이다. 동시에, 외부의 슈퍼스타 인재 영입에만 의

존해서는 안 된다.

기존 직원들이 AI 시대에 필요한 새로운 기술과 역량을 갖출 수 있도록 대대적인 리스킬링(Reskilling) 및 업스킬링(Upskilling) 프로그램을 통해 내부 인재를 '재창조'하는 데 과감하게 투자해야 한다. 이는 비용이 아니라 미래를 위한 가장 중요한 투자다.

방어 가능한 데이터 해자(Data Moat) 구축

AI 모델 자체는 오픈소스로 공개되거나 상향 평준화될 수 있다. 그러나 AI를 학습시키는 데이터, 특히 경쟁사가 쉽게 모방할 수 없는 고유의 데이터는 강력한 경쟁 우위, 즉 '데이터 해자'가 된다.

중요한 것은 단순히 데이터를 쌓아두는 것이 아니라, 이를 비즈니스 맥락에 맞게 의미론적으로 구조화한 '온톨로지(Ontology)' 형태로 구축하는 것이다. 잘 구축된 온톨로지(지식 지도)는 AI가 데이터의 의미를 깊이 있게 이해하고 더 정확한 통찰력을 제공하게 하여, 특정 AI 모델에 대한 기술 종속성을 낮추고 비즈니스의 지속 가능한 가치를 창출하는 핵심 기반이 된다.

기술 의존성 다각화(Technology Diversification)

미·중 기술 패권 경쟁과 같은 지정학적 리스크는 기업에게 새로운 차원의 위협이다. 특정 국가나 특정 기업의 기술(하드웨어, 소프트웨어, 클라우드 플랫폼)에 대한 과도한 의존은 언제든 공급망 리스크나 규제 리스크로 이어질 수 있다.

따라서 다양한 국가의 기술과 서비스를 조합하여 사용하는 멀티 클라우드 전략, 특정 AI 모델에 종속되지 않도록 유연한 아키텍처 설계, 다양한 기술 블록의 표준과 규제에 대응할 수 있는 유연성 확보 등 기술 의존성을 다각화하는 전략을 수립해야 한다.

우리는 인류 역사의 거대한 변곡점 위에 서 있다. 미래는 레이 커즈와일의 예측처럼 순수한 기술 발전의 길을 따라 펼쳐지는 유토피아도, 혹은 단일 국가의 의도대로만 흘러가는 디스토피아도 아닐 것이다. 오히려 기술의 기하급수적 가속화와 국가주의적 파편화가 복잡하게 얽히고, 낙관과 비관이 혼재하며, 예측 불가능한 사건들이 연쇄적으로 발생하는 복잡계(Complex System)의 양상을 띨 가능성이 높다.

이러한 다극화되고 불확실한 AI 세계에서 생존하고 성장하기 위한 열쇠는 하나의 정답이나 완벽한 계획을 찾는 것이 아니다. 그것은 끊임없이 변화하는 환경을 감지하고 그 속에서 기회를 포착하며(민첩성), 예측 불가능한 충격과 위기에도 무너지지 않고 다시 일어서서 더 강해지는(회복탄력성) 능력이다.

개인에게는 끊임없이 배우고 자신의 정체성을 재창조하는 '학습 민첩성'이, 조직에게는 빠르게 실험하고 방향을 전환하는 '전략적 민첩성'이 요구된다. 또한, 실패를 자산으로 삼고 위기를 통해 배우며, 불확실성 속에서도 희망을 잃지 않고 나아가는 '회복탄력성'은 개인과 조직 모두에게 필수적인 심리적, 조직적 자산이 될 것이다.

결국 AI 시대의 미래는 기술에 의해 결정되는 것이 아니라, 그 기술을 사용하는 우리 인간의 선택에 의해 만들어진다. 다가오는 시대를 두려움으로 맞이할 것인가, 아니면 새로운 가능성을 탐험하는 기회로 삼을 것인가. 그 갈림길에서, 변화의 파도를 유연하게 넘나드는 '민첩성(Agility)'과 어떤 파도에도 부서지지 않는 '회복탄력성(Resilience)'을 갖추는 것, 그것이 바로 우리에게 주어진 시대적 과제이자 유일한 생존 전략이다.

8.6 양자 AI, 양자 머신러닝: 다음 차원의 기술 혁명

앞서 우리는 AI 네이티브 시대의 거대한 파도 속에서 생존하고 성장하기 위한 전략으로 '민첩성(Agility)'과 '회복탄력성(Resilience)'을 강조했다. 끊임없이 변화하는 환경을 감지하고, 예측 불가능한 충격에도 무너지지 않고 더 강해지는 능력이 개인과 조직의 미래를 좌우할 것이기 때문이다.

그러나 우리가 현재 논의하고 있는 AI 기술의 발전 곡선조차도, 어쩌면 더 거대한 다음 혁명의 서막에 불과할지 모른다. 인공지능의 기하급수적 성장을 또 한 번 뛰어넘어, 인류 문명의 기반 자체를 바꿀 게임 체인저가 수면 아래에서 조용히 부상하고 있다. 바로 양자 컴퓨팅(Quantum Computing)이다.

지금까지의 AI, 즉 '고전 AI(Classical AI)'는 0과 1의 비트(bit)로 세상을 이해하고 계산하는 고전 컴퓨터 위에서 작동한다. 아무리 뛰어난 슈퍼컴퓨터라 할지라도 이 이진법의 근본적인 한계 안에 갇혀 있다.

하지만 자연은, 그리고 우주는 0과 1로만 움직이지 않는다. 원자와 전자의 미시 세계는 중첩(Superposition), 얽힘(Entanglement)과 같은 양자역학의 기묘한 원리들로 가득 차 있다. 양자 컴퓨터는 바로 이 자연의 근본적인 작동 방식을 모방하여, 고전 컴퓨터로는 수백만 년이 걸려도 풀 수 없는 문제들을 단 몇 분, 몇 초 만에 해결할 잠재력을 가진다.

그리고 이 혁명적인 컴퓨팅 패러다임이 인공지능과 만날 때, 우리는 '양자 AI(Quantum AI)'라는 미지의 영역에 들어서게 된다. 이는 단순히 더 빠른 AI를 의미하는 것이 아니다. 생각하고, 학습하고, 문제를 해결하는 방식 자체가 근본적으로 다른 새로운 지능의 탄생을 예고한다.

이 절에서는 양자 AI와 그 핵심인 양자 머신러닝이 무엇인지, 이 기술이 인류의 미래에 어떤 파괴적 혁신과 심오한 질문을 던지는지 탐구하며, 다가올 '양자 도약(Quantum Leap)'에 대비하기 위한 통찰을 얻고자 한다.

고전적 한계를 넘어서: 양자 컴퓨팅의 등장

현재의 디지털 컴퓨터는 스위치를 켜고 끄는 것, 즉 0 또는 1의 상태만을 표현하는 '비트(bit)'를 기본 단위로 사용한다. 우리가 사용하는 모든 소프트웨어, 알고리즘, 인공지능 모델은 결국 이 수많은 0과 1의 조합으로 이루어진다.

이러한 방식은 지난 수십 년간 눈부신 발전을 이끌었지만, 특정 유형의 문제들 앞에서는 명백한 한계에 부딪힌다. 예를 들어, 신약 개발을 위해 새로운 단백질 분자의 구조를 시뮬레이션하거나, 글로벌 물류망을 최적화하거나, 현재의 암호 체계를 해독하는 문제들은 경우의 수가 기하급수적으로 늘어나기 때문에 현존하는 가장 강력한 슈퍼컴퓨터로도 사실상 계산이 불가능하다.

이는 마치 수많은 갈림길이 있는 미로에서 한 번에 하나의 길만 탐색하는 것과 같아서, 미로가 복잡해질수록 해답을 찾는 데 영겁의 시간이 걸리는 것과 같다.

양자 컴퓨터는 이 한계를 근본적으로 다른 방식으로 돌파한다. 기본 단위부터 다르다. 물리학자 리처드 파인만이 "자연을 시뮬레이션하고 싶다면, 양자역학적으로 만들어야 한다"고 말했듯이, 양자 컴퓨터는 자연의 언어인 '큐비트(Qubit)'를 사용하는데, 이는 0과 1이라는 두 가지 상태에만 갇혀 있지 않다.

중첩(Superposition)

큐비트는 0과 1의 상태를 '동시에' 가질 수 있다. 동전이 회전하는 동안 앞면과 뒷면의 상태를 동시에 가지는 것에 비유할 수 있다. 이 덕분에 n개의 큐비트는 2n개의 모든 가능한 상태를 한 번에 표현하고 연산할 수 있다. 3개의 비트가 8가지 상태 중 하나만 표현할 수 있는 반면, 3개의 큐비트는 8가지 상태 모두를 동시에 계산에 활용할 수 있는 것이다.

큐비트의 수가 늘어날수록 그 계산 능력은 상상을 초월하는 수준으로 폭발적으로 증가한다. 300개의 큐비트만으로도 관측 가능한 우주의 모든 원자 수보다 더 많은 상태를 동시에 표현할 수 있다. 이는 미로의 모든 길을 동시에 탐색하는 것과 같다.

얽힘(Entanglement)

아인슈타인이 '유령 같은 원격 작용'이라 불렀던 현상으로, 두 개 이상의 큐비트가 서로 연결되어 하나의 시스템처럼 작동하는 것을 말한다. 한쪽 큐비트의 상태가 결정되면, 아무리 멀리 떨어져 있어도 다른 쪽 큐비트의 상태가 즉시 결정된다. 마치 한 쌍의 마법 장갑 중 왼쪽 장갑을 확인하는 순간, 우주 반대편에 있는 장갑이 오른쪽이라는 사실을 즉시 알게 되는 것과 같다.

이 얽힘 현상은 큐비트들 간의 복잡한 상호작용을 모델링하고, 고전 컴퓨터로는 흉내 낼 수 없는 강력한 정보 처리 능력을 가능하게 한다. 얽힘은 각 큐비트의 정보를 개별적으로 다루는 것이 아니라, 전체 시스템의 정보를 한 번에 처리할 수 있게 해주는 강력한 상관관계를 만들어낸다.

이러한 양자역학적 특성 덕분에 양자 컴퓨터는 특정 문제, 특히 복잡한 시스템의 시뮬레이션이나 최적화 문제에서 고전 컴퓨터를 압도하는 성능을 발휘할 수 있다. 그리고 이러한 능력은 인공지능, 특히 머신러닝의 패러다임을 바꿀 핵심 열쇠가 된다.

양자 머신러닝(QML): AI의 새로운 엔진

양자 머신러닝(Quantum Machine Learning, QML)은 양자 컴퓨팅의 원리를 머신러닝 알고리즘에 적용하여, 데이터 처리, 패턴 인식, 학습 능력을 혁신하려는 분야다. 이는 고전 머신러닝이 직면한 여러 난제들을 해결할 실마리를 제공한다.

양자 최적화: 불가능에 가까운 해답을 찾다

머신러닝의 많은 문제는 본질적으로 최적화 문제다. 주어진 조건 하에서 가장 좋은 결과를 내는 변수들의 조합을 찾는 것이다. 예를 들어, 수많은 도시를 단 한 번씩만 방문하고 돌아오는 최단 경로를 찾는 '외판원 문제(Traveling Salesman Problem)'나, 수백만 개의 금융 자산으로 최고의 수익률과 최저의 위험을 가진 투자 포트폴리오를 구성하는 문제는 도시나 자산의 수가 조금만 늘어나도 경우의 수가 천문학적으로 증가하여 고전 컴퓨터로는 최적의 해를 찾기 어렵다.

양자 컴퓨터는 '양자 어닐링(Quantum Annealing)'이나 'QAOA (Quantum Approximate Optimization Algorithm)'와 같은 알고리즘을 통해 이러한 복잡한 최적화 문제를 훨씬 효율적으로 해결할 수 있다.

양자 컴퓨터는 중첩의 원리를 이용해 수많은 가능성을 동시에 탐색하고, 가장 낮은 에너지 상태(즉, 최적의 해)로 자연스럽게 수렴하는 방식으로 답을 찾아낸다. 이는 마치 수많은 계곡과 봉우리가 있는 지형도에서 가장 낮은 지점을 찾기 위해 모든 골짜기에 동시에 물을 부어 가장 먼저 고이는 지점을 찾는 것과 같다.

적용 분야 심화

① 신약 및 신소재 개발

제약회사가 알츠하이머 치료제를 개발한다고 가정해보자. 수백만 개의 후보 분자 중 뇌혈관 장벽을 통과하고, 특정 단백질에 정확히 결합하며, 부작용이 가장 적은 분자 구조를 찾아야 한다. 양자 컴퓨터는 이 모든 조건을 동시에 고려하여 분자 간의 양자역학적 상호작용을 정확히 시뮬레이션함으로써, 고전 컴퓨터로는 수십 년이 걸릴 탐색 과정을 단 몇 시간으로 단축시킬 수 있다.

② 금융

글로벌 투자 펀드가 전 세계 수천 개의 주식, 채권, 원자재, 파생상품을 운용한다고 생각해보자. 양자 AI는 각 자산 간의 미묘한 상관관계, 지정학적 리스크, 거시 경제 지표를 모두 얽힌 변수로 간주하여, 시장의 급작스러운 붕괴에도 손실을 최소화하고 안정적인 수익을 내는 '궁극의 포트폴리오'를 실시간으로 재구성할 수 있다.

③ 물류 및 공급망

대형 택배 회사가 명절 특수를 맞아 폭증한 수백만 개의 택배를 처리해야 한다. 양자 AI는 전국의 모든 차량, 배송 기사, 도로 교통 상황, 유류비, 고객의 배송 시간 약속을 하나의 거대한 최적화 문제로 풀어내어, 단 한 대의 차량 낭비 없이 가장 효율적인 배송 경로 네트워크를 실시간으로 계산해낸다.

양자 신경망: 더 적은 데이터로, 더 깊게 학습하다

고전적인 인공 신경망은 수많은 매개변수(parameter)를 가지고 있으며, 이를 학습시키기 위해 방대한 양의 데이터와 컴퓨팅 자원을 필요로 한다. 반면, '양자 신경망(Quantum Neural Network, QNN)'은 큐비트와 양자 게이트를 이용하여 신경망을 구성한다.

양자 신경망은 훨씬 더 복잡하고 높은 차원의 데이터 패턴을 표현할 수 있는 잠재력을 가진다. 고전 신경망이 데이터를 2차원 평면에 점을 찍어 분류하려 애쓴다면, 양자 신경망은 데이터를 훨씬 더 넓은 '양자 특징 공간(quantum feature space)'으로 보내, 평면에서는 보이지 않던 복잡한 패턴을 쉽게 분리해낸다. 고전 신경망이 표현하기 어려운 데이터의 미묘한 상관관계나 복잡한 구조를 양자 얽힘과 같은 현상을 통해 효과적으로 학습할 수 있다.

이는 이론적으로 더 적은 매개변수와 더 적은 데이터만으로도 고전 신경망보다 뛰어난 성능을 낼 수 있음을 의미한다. '과적합(overfitting)' 문제를 해결하고 모델의 일반화 성능을 높이는 데에도 기여할 수 있다. 아직 연구 초기 단계이지만, 양자 신경망은 머신러닝 모델의 효율성과 표현력을 한 차원 높은 수준으로 끌어올릴 것으로 기대된다.

양자 데이터 처리: 고차원 데이터의 저주를 풀다

머신러닝에서 데이터의 차원(특성의 수)이 증가할수록 필요한 데이터의 양이 기하급수적으로 늘어나는 '차원의 저주(Curse of Dimensionality)'는 오래된 난제다.

양자 컴퓨터는 '양자 푸리에 변환(Quantum Fourier Transform)'과 같은 알고리즘을 통해 고차원 데이터를 양자 상태로 인코딩하고, 이 상태에서 직접 패턴을 분석하거나 분류 작업을 수행할 수 있다.

예를 들어, 기후 변화 모델링은 온도, 습도, 풍속, 해수면 온도 등 수천 개의 변수를 다루는 대표적인 고차원 문제다. 양자 AI는 이 모든 변수를 하나의 얽힌 양자 상태로 표현하고, 그 전체 시스템의 동적인 변화를 시뮬레이션함으로써, 고전 컴퓨터보다 훨씬 더 정확하게 장기적인 기후 변화를 예측하고 이상 기후 현상의 숨겨진 원인을 밝혀낼 수 있다.

양자 AI가 가져올 충격: 새로운 특이점의 서막

양자 AI가 본격적으로 상용화된다면, 그 파급력은 8.3절에서 논의했던 AI 네이티브 시대의 변화를 훨씬 뛰어넘는 수준일 것이다. 이는 단순히 몇몇 산업의 효율성이 높아지는 것을 넘어,

과학, 경제, 안보의 패러다임 자체를 뒤흔들 수 있다.

과학 기술의 폭발적 가속화

8.1절에서 다룬 '가속 수익의 법칙'은 양자 AI의 등장으로 새로운 변곡점을 맞이할 수 있다. 알파폴드(AlphaFold)가 단백질 구조 예측 문제를 해결했듯이, 양자 AI는 상온 초전도체 물질을 설계하고, 효율적인 핵융합 발전 방식을 시뮬레이션하며, 우주의 기원과 암흑 물질의 비밀을 푸는 등 인류의 근본적인 과학적 난제들을 해결하는 열쇠가 될 수 있다.

인간 지성으로는 수백 년이 걸릴 과학적 발견들이 단 몇 년 안에 이루어지는 '지능의 폭발'이 현실화될 수 있으며, 이는 레이 커즈와일이 예측한 기술적 특이점을 훨씬 앞당기는 기폭제가 될 수 있다.

금융 및 경제 시스템의 재편

양자 AI는 금융 시장의 모든 변수를 고려한 거의 완벽한 예측 모델을 만들어낼 수 있다. 이는 기존의 모든 금융 이론과 투자 전략을 무용지물로 만들고, 양자 컴퓨팅 기술을 보유한 소수에게 부가 극단적으로 집중되는 결과를 낳을 수 있다. 경제 시스템 전체가 양자 알고리즘에 의해 관리되고 최적화되는 새로운 경제 체제가 등장할 수도 있다.

양날의 검: 암호와 안보의 위기

양자 AI의 가장 즉각적이고 심각한 위협은 암호 체계의 붕괴다. 현재 우리가 사용하는 대부분의 암호(RSA, ECC 등)는 매우 큰 숫자를 소인수분해하는 것이 고전 컴퓨터로는 사실상 불가능하다는 점에 기반한다.

그러나 양자 컴퓨터는 '쇼어 알고리즘(Shor's Algorithm)'을 이용해 이 문제를 매우 빠르게 풀 수 있다. 'Y2Q(Years to Quantum)', 즉 양자 컴퓨터가 현재 암호 체계를 깰 수 있는 시점이 언제가 될 것인가에 대한 논의는 더 이상 공상과학이 아닌 국가 안보의 핵심 의제가 되었다. 이는 전 세계 은행, 정부, 군대, 기업의 통신 비밀과 데이터 보안이 한순간에 무력화될 수 있음을 의미한다.

이에 대응하여, 양자 컴퓨터로도 해독하기 어려운 새로운 암호 체계인 '양자내성암호(Post-Quantum Cryptography, PQC)'로의 전환이 시급한 과제로 떠오르고 있다.

미국 국립표준기술연구소(NIST)를 중심으로 PQC 표준화 작업이 활발히 진행 중이며, 전 세계는 기존의 암호 시스템을 새로운 방패로 교체해야 하는 거대한 전환의 압력에 직면해 있다.

물론, 양자 기술은 동시에 해킹이 원천적으로 불가능한 '양자 암호 통신(Quantum Cryptography)'이라는 궁극의 방패를 제공하기도 한다.

결국 미래의 안보는 양자 컴퓨터라는 창과 양자내성암호 및 양자 암호 통신이라는 방패를 모두 가진 국가가 주도하게 될 것이다.

이는 8.2절에서 논의한 미-중 기술 패권 경쟁을 더욱 격화시키고, 새로운 차원의 '양자 군비 경쟁'을 촉발할 것이다.

현실적 과제와 다가올 미래

물론 이 모든 시나리오는 아직 먼 미래의 이야기처럼 들릴 수 있다. 양자 AI가 현실이 되기까지는 수많은 기술적 장벽을 넘어야 한다.

하드웨어의 불안정성

큐비트는 외부의 미세한 소음이나 온도 변화에도 양자 상태를 잃어버리는 '결어긋남(Decoherence)' 현상에 매우 취약하다. 이는 마치 비눗방울처럼 아름답지만 너무나 쉽게 터져버리는 것과 같다.

현재 구글의 '시카모어(Sycamore)'나 IBM의 '이글(Eagle)'과 같은 초전도 큐비트 방식, 아이온큐(IonQ)의 이온 트랩 방식 등 다양한 하드웨어 접근법이 경쟁하고 있지만, 수백만 개의 큐비트를 안정적으로 유지하고, 연산 과정에서 발생하는 오류를 효과적으로 보정하는 '양자 오류 정정(Quantum Error Correction)' 기술은 여전히 가장 큰 난관이다.

알고리즘과 소프트웨어의 부재

양자 컴퓨터가 모든 문제에서 고전 컴퓨터보다 빠른 것은 아니다. 양자적 이점을 발휘할 수 있는 유용한 양자 알고리즘은 아직 소수에 불과하며, 고전 데이터를 양자 컴퓨터에 입력하고 계산 결과를 다시 고전 데이터로 변환하는 과정의 효율성 문제도 해결해야 할 숙제다.

양자 하드웨어를 효과적으로 제어하고 프로그래밍할 수 있는 소프트웨어와 개발자 생태계 역시 이제 막 걸음마를 뗀 수준이다.

'양자 겨울'의 가능성

현재의 과도한 기대감이 단기적인 성과로 이어지지 않을 경우, 연구와 투자가 위축되는 '양자 겨울(Quantum Winter)'이 찾아올 수도 있다. 1970년대 AI 연구가 겪었던 것처럼, 거대한 잠재력에도 불구하고 기술적 난관과 비현실적인 기대감이 맞물려 한동안 발전이 정체될 수 있다는 우려도 존재한다.

그럼에도 불구하고, 변화의 흐름은 이미 시작되었다. 구글, IBM, 마이크로소프트와 같은 빅테크 기업들은 물론, 리게티(Rigetti), 아이온큐(IonQ) 같은 수많은 스타트업과 각국 정부가 양자 컴퓨팅 개발에 막대한 자원을 쏟아붓고 있다.

미국과 중국은 양자 기술을 국가 전략의 최우선 순위에 두고 천문학적인 예산을 투입하고 있으며, 유럽연합과 일본 등도 그 뒤를 쫓고 있다. 전문가들은 향후 5~10년 내에 특정 산업 문제에서 고전 컴퓨터를 능가하는 '양자 이점(Quantum Advantage)'을 보여주는 사례들이 나타나기 시작할 것으로 예측한다.

결론: 양자 도약을 준비하라

우리는 이 장의 서두에서 AI 네이티브 시대를 인류 문명의 중대한 분기점으로 규정했다. 그러나 양자 AI의 등장은 그 분기점을 넘어, 인류가 또 다른 차원으로 도약하는 '퀀텀 점프'의 가능성을 시사한다. 이는 고전적인 세계관에서 양자적 세계관으로의 전환이며, 예측과 통제의 논리에서 확률과 가능성의 논리로의 전환을 의미한다.

8.5절에서 논의했던 개인과 조직의 생존 전략은 양자 시대를 맞아 더욱 심화된 의미를 갖는다. AI 리터러시를 넘어 '양자 리터러시(Quantum Literacy)'를 갖추고, 이 새로운 기술이 가져올 근본적인 변화의 의미를 이해하려는 노력이 필요하다.

조직들은 당장의 비즈니스 모델을 AI 네이티브로 전환하는 것을 넘어, 미래의 어느 시점에는 비즈니스의 근간을 양자 컴퓨팅 위에서 재설계해야 할지 모른다는 '양자 준비(Quantum-Ready)' 마인드셋을 가져야 한다. 이는 단순히 새로운 기술을 도입하는 차원의 문제가 아니다.

대한민국의 정책 입안자, 기업 리더, 그리고 미래 세대는 이 거대한 전환 앞에서 무엇을 해야 하는가?

추격자가 아닌 선도자가 되기 위해서는 지금부터 준비를 서둘러야 한다. 양자 기술 인재를 양성하기 위한 장기적인 교육 시스템을 구축하고, 산업계가 양자 컴퓨팅을 테스트하고 활용할 수 있는 클라우드 기반의 접근성을 확대하며, 양자내성암호로의 전환을 서두르는 등 국가 차원의 전략적 투자가 절실하다.

양자 AI는 우리에게 '지능이란 무엇인가?', '현실이란 무엇인가?', '인간의 창의성은 기계로 대체될 수 없는 고유한 영역인가?'와 같은 더욱 근본적인 질문을 던진다.

AI 네이티브 시대의 파도가 현재의 위협이자 기회라면, 양자

AI라는 거대한 해일은 수평선 너머에서 다가오고 있는 다음 시대의 운명이다. 그 파도의 높이와 방향을 예측할 수는 없지만, 우리는 그 존재를 인지하고 준비를 시작해야 한다. 민첩성과 회복탄력성을 갖추고 끊임없이 학습하며 다가올 미지의 세계를 탐험할 준비된 자만이, 인류 역사의 다음 장을 주도하게 될 것이다.

인공지능(AI) 기술의 발전이 가속화되면서, 우리는 인류 역사상 유례없는 거대한 전환의 문턱에 서 있다. AI는 더 이상 공상 과학 영화 속 이야기가 아니라, 우리 삶의 모든 영역에 깊숙이 스며들어 사회의 근본적인 변화를 이끌어내는 강력한 동력이 되었다. 이러한 변화의 파고 속에서, 우리는 중요한 질문에 직면해 있다. "우리는 AI라는 강력한 도구를 이용해 어떤 미래를 만들고 싶은가?"

이 질문에 대한 해답을 찾는 과정에서 '인간 중심 AI(Human-Centered AI)'라는 개념이 시대의 화두로 떠오르고 있다. 이는 AI가 단순한 기술적 도구를 넘어 사회의 구조를 재편하는 주체로 인식되면서, 기술의 개발과 활용 전반에 걸쳐 윤리적, 사회적 책임이 그 어느 때보다 강조되고 있음을 의미한다.

인간 중심 AI는 기술이 인간을 대체하거나 소외시키는 것이 아니라, 인간의 역량을 강화하고, 삶의 질을 향상시키며, 그 혜택이 모든 인류에게 공평하게 돌아가도록 설계되어야 한다는 철학을 담고 있다.

9장에서는 인간 중심 AI를 구현하기 위한 구체적인 규범과 가치에 대해 심도

9장
인간 중심 AI를 위한 규범과 가치

있게 탐구하고자 한다. 먼저, 사회적 신뢰의 초석이 되는 AI 윤리의 핵심 원칙들을 살펴보고, 기업들이 왜 윤리 경영을 생존 전략으로 받아들여야 하는지 논의할 것이다. 이어, AI가 현실의 차별을 어떻게 증폭시킬 수 있는지 '젠더 쉐이드(Gender shade)' 사례를 통해 그 위험성을 생생하게 들여다본다. 그리고 이러한 윤리적 원칙을 조직 내에서 실현하기 위한 구체적인 실천 방안으로, 새롭게 부상하는 'AI 윤리 책임자'의 역할과 독립적인 'AI 윤리 위원회' 구축 가이드를 제시한다.

마지막으로, 스탠퍼드 대학 인간 중심 AI 연구소(HAI)의 비전을 통해 우리가 궁극적으로 지향해야 할 인간과 AI의 조화로운 공존 모델을 그려보고, 지속가능한 사회 시스템을 구축하기 위한 제언으로 마무리하고자 한다.

이 장을 통해 독자 여러분은 AI 윤리가 더 이상 추상적인 구호가 아닌, 우리 모두가 함께 만들어가야 할 구체적인 실천 과제임을 깨닫게 될 것이다. 기술의 발전 속도에 발맞춰 윤리적, 사회적 논의의 깊이를 더해갈 때, 비로소 우리는 AI가 인류에게 선물이 되는 미래를 맞이할 수 있을 것이다.

9.1 윤리적 책임: 신뢰할 수 있는 AI 구축

AI의 영향력이 사회 전반으로 확산되면서, AI 윤리는 더 이상 일부 기술자나 철학자들의 논쟁거리가 아니라, 기업의 생존과 직결된 운영의 필수 요소가 되었다. AI 시스템이 내리는 결정이 한 개인의 채용 여부, 대출 승인, 심지어 건강 진단에까지 직접적인 영향을 미치는 시대다. 이처럼 막강한 영향력을 가진 기술이 사회의 일원으로 받아들여지기 위해서는, 그 기반에 '신뢰'가 있어야 한다. 그리고 그 신뢰는 바로 '윤리적 책임'을 다할 때 구축될 수 있다.

과거에는 AI의 성능, 즉 정확도와 효율성이 기술의 가치를 판단하는 유일한 척도처럼 여겨졌다. 하지만 이제 우리는 성능만으로는 충분하지 않다는 것을 잘 알고 있다. 아무리 정확한 AI라도 그 결정 과정이 불공정하거나, 특정 집단에 편향되어 있

[그림 9-1] 신뢰할 수 있는 AI의 핵심 원칙

거나, 사용자의 개인정보를 함부로 다룬다면 사회는 결코 그 기술을 받아들이지 않을 것이다.

따라서 AI 기술의 개발과 배포, 활용의 전 과정에 윤리적 원칙을 내재화하는 것은 사회적 신뢰를 확보하기 위한 필수 전제조건이다.

IBM과 세일즈포스(Salesforce) 같은 글로벌 기술 선도 기업들은 이미 이러한 변화를 인식하고 자체적인 AI 윤리 원칙을 수립하여 조직 문화에 깊숙이 통합하고 있다. 이는 윤리 경영이 단순한 사회 공헌 활동이 아니라, 브랜드 가치를 높이고 잠재적 리스크를 관리하며, 장기적으로 지속 가능한 성장을 담보하는 핵심 전략임을 보여준다.

이러한 기업들의 노력은 몇 가지 공통된 핵심 원칙으로 수렴된다.

IBM의 5대 원칙

- **설명가능성**(Explainability): AI는 자신의 결정에 대한 이유를 인간이 이해할 수 있는 방식으로 설명할 수 있어야 한다.
- **공정성**(Fairness): AI는 의도치 않은 편향으로 인해 특정 집단에 불이익을 주는 결정을 내려서는 안 된다.
- **견고성**(Robustness): AI는 예기치 않은 상황이나 악의적인 공격에도 안정적으로 작동하고 보안을 유지해야 한다.
- **투명성**(Transparency): AI 시스템의 개발 과정, 사용된 데이터, 작동 방식 등을 투명하게 공개하여 신뢰를 구축해야 한다.
- **개인정보보호**(Privacy): AI는 사용자의 데이터를 존중하고, 데이터에 대한 권한을 보호해야 한다.

세일즈포스(Salesforce)의 5대 원칙

- **정확성**(Accuracy): AI는 검증 가능하고 신뢰할 수 있는 결과

를 제공해야 한다.

- **안정성**(Safety): AI는 의도된 방식과 의도되지 않은 방식 모두에서 유해한 결과를 완화하도록 설계되어야 한다.
- **정직성**(Honesty): AI는 데이터의 출처와 한계를 명확히 하고, 사용자를 기만하지 않아야 한다.
- **권한 부여**(Empowerment): AI는 인간을 대체하는 것이 아니라, 인간의 능력을 보조하고 강화해야 한다.
- **지속가능성**(Sustainability) : AI는 환경에 미치는 영향을 고려하여 탄소 배출량 감소 등 지속가능성에 기여해야 한다.

이러한 원칙들은 AI가 단순히 기술적으로 뛰어난 것을 넘어, 사회적으로 책임 있는 방식으로 작동해야 함을 명확히 보여준다. 결국 '신뢰할 수 있는 AI'란 기술의 성능과 윤리적 가치가 조화롭게 균형을 이룰 때 비로소 완성될 수 있는 것이다.

신뢰의 세 기둥: 공정성, 투명성, 책임성

수많은 윤리 원칙들 중에서도 공정성, 투명성, 책임성은 신뢰할 수 있는 AI를 구축하는 가장 핵심적인 세 기둥이라 할 수 있다. 이 세 가지 원칙이 무너질 때, AI는 유용한 도구가 아닌 위험한 무기가 될 수 있다.

공정성(Fairness) : 편견 없는 판단을 향하여

AI 시스템이 특정 집단에 대해 체계적으로 불공정한 결과를 내놓는 '편향(bias)' 문제는 AI 윤리에서 가장 시급하고 중요한 과제 중 하나다. 이러한 편향은 개발자가 의도하지 않았더라도, AI를 학습시키는 데이터에 우리 사회에 이미 존재하는 편견이 반영되어 있거나, 특정 인구 집단이 과소 대표될 때 발생하고 증폭될 수 있다.

편향의 사례들

① 채용 알고리즘

과거의 채용 데이터를 학습한 AI가 남성 지원자를 선호하는 패턴을 학습하여, 비슷한 역량을 가진 여성 지원자에게 낮은 점수를 주는 사례는 이미 널리 알려져 있다. 이는 과거의 성차별적 관행을 미래에도 그대로 답습하게 만드는 결과를 낳는다.

② 의료 진단

특정 인종의 의료 데이터가 부족한 상태에서 학습한 AI는 해당 인종의 질병을 진단하는 데 현저히 낮은 정확도를 보일 수 있다. 이는 생명과 직결된 심각한 문제로 이어질 수 있다.

③ 범죄 예측

특정 지역이나 인종에 대한 편견이 담긴 데이터를 학습한 범죄 예측 AI는 해당 지역과 인종에 대한 과도한 경찰력을 배치하게 만들어, 오히려 사회적 낙인을 강화하고 불필요한 감시를 유발할 수 있다.

해결 방안

이러한 편향 문제를 해결하기 위해서는 AI 개발의 전 과정에 걸친 체계적인 노력이 필요하다.

① 다양하고 대표성 있는 데이터 확보

데이터 수집 단계부터 성별, 인종, 연령, 지역 등 다양한 인구 집단을 균형 있게 포함하려는 노력이 필수적이다. 데이터 증강(Data Augmentation)이나 재가중치 부여(Reweighting) 같은 기술을 통해 데이터의 불균형을 해소할 수 있다.

② 편향 탐지 및 완화 기술 적용

개발 과정에서 AI 모델이 특정 집단에 편향된 결과를 내놓는지 지속적으로 감사(Audit)하고, 이를 완화하는 알고리즘을 적용해야 한다.

③ 포용적인 설계 및 개발 문화

AI 시스템을 설계하고 개발하는 팀 자체의 다양성을 높여야 한다. 다양한 배경을 가진 전문가들이 참여할 때, 미처 생각지 못했던 잠재적 편향을 사전에 식별하고 완화할 수 있다.

투명성 및 설명 가능성(Transparency & Explainable AI, XAI): 블랙박스를 열다

많은 최신 AI 모델, 특히 딥러닝 기반의 복잡한 모델은 종종 '블랙박스(Black Box)'에 비유된다. 입력과 출력은 명확하지만, 그 사이에서 어떤 논리적 과정을 거쳐 그런 결론에 도달했는지 인간이 이해하기 매우 어렵기 때문이다. 이러한 투명성의 부재는 AI가 내린 결정에 대한 신뢰를 근본적으로 저해하며, 문제가 발생했을 때 원인을 파악하고 책임을 묻는 것을 불가능하게 만든다.

블랙박스 문제의 심각성

당신이 은행에 대출을 신청했는데 AI 심사 시스템이 '거절'이라는 결과를 내놓았다고 상상해보자. 만약 은행이 "AI가 그렇게 결정했습니다"라고만 답한다면 당신은 그 결과를 납득할 수 있겠는가?

의료 분야에서 AI가 특정 질병을 진단했지만 그 근거를 제시하지 못한다면, 의사와 환자는 그 진단을 신뢰하고 치료 계획을 세울 수 있을까?

이처럼 투명성 부족은 금융, 의료, 법률 등 인간의 삶에 중대한 영향을 미치는 분야에서 AI 활용의 가장 큰 걸림돌이 된다.

설명 가능한 AI(XAI)의 부상

이러한 문제를 해결하기 위해 등장한 것이 바로 '설명 가능한 AI(Explainable AI, XAI)'다. XAI는 AI 시스템이 자신의 결정에 대해 '왜(Why)' 그렇게 판단했는지, 어떤 요인들이 그 결정에 중요하게 작용했는지를 인간이 이해할 수 있는 형태로 제공하는 것을 목표로 하는 기술 및 연구 분야다.

XAI 기술의 예

대리 모델(Surrogate Model)은 복잡한 블랙박스 모델의 작동 방식을 근사적으로 모방하는 단순하고 해석 가능한 모델을 만들어 설명을 제공한다. SHAP(SHapley Additive exPlanations)이나

LIME(Local Interpretable Model-agnostic Explanations)과 같은 기술들은 특정 결정에 각 입력 변수가 얼마나 기여했는지를 시각적으로 보여줌으로써 AI의 판단 근거를 파악하는 데 도움을 준다.

규제적 요구

투명성에 대한 요구는 이제 사회적 기대를 넘어 법적 의무가 되고 있다. 유럽연합(EU)의 AI 법안(EU AI Act)은 고위험 AI 시스템에 대해 사용자가 AI와 상호작용하고 있다는 사실을 알리고, AI가 생성한 콘텐츠에는 명확한 라벨을 부착하도록 하는 등 강력한 투명성 의무를 부과한다. 이는 사용자가 AI의 존재를 인지하고 그 판단을 비판적으로 수용할 수 있도록 보장하려는 중요한 노력이다.

책임성(Accountability): 누가 책임질 것인가?

자율주행차가 사고를 내거나, AI 의료기기가 오진을 하여 환자에게 피해가 발생했을 때, 그 책임은 누구에게 있을까? AI를 개발한 프로그래머? AI를 만든 제조업체? AI 시스템을 구매하여 운영한 병원? 아니면 AI를 사용한 최종 사용자?

AI의 자율성, 예측 불가능성, 그리고 앞서 언급한 설명 불가능성(블랙박스) 특성으로 인해, 기존의 민사 책임 법리인 '고의 또는 과실'을 AI 시스템에 적용하기는 매우 어렵다. 이로 인해 아무도 책임을 지지 않는 '책임 공백(responsibility gap)' 문제가 발생할 수 있으며, 이는 피해자 구제를 어렵게 하고 AI 기술에 대한 사회적 수용성을 떨어뜨리는 심각한 결과를 초래한다.

복잡한 책임 분배

AI 시스템은 개발자, 데이터 제공자, 제조업체, 운영자, 최종 사용자 등 수많은 주체가 복잡하게 얽힌 생태계 속에서 작동한다. 이들 중 누구에게, 어느 정도의 책임을 물을 것인지에 대한 명확한 사회적, 법적 합의가 아직 부족한 상황이다.

해결 방안을 위한 논의

이러한 책임 공백 문제를 해결하기 위해 다양한 법적, 제도적 논의가 이루어지고 있다.

위험책임 원칙 적용

AI 사용을 통해 이익을 얻는 주체(예: 자율주행차 소유주, AI를 활용하는 기업)에게 1차적인 책임을 부여하는 '위험책임' 원칙을 도입하자는 주장이 힘을 얻고 있다.

의무 보험 제도 도입

자동차 보험처럼, 고위험 AI 시스템에 대해서는 의무적으로 책임 보험에 가입하도록 하여 사고 발생 시 피해자가 신속하게 구제받을 수 있는 장치를 마련하는 방안도 고려되고 있다.

책임 분담 기준 마련

개발자, 제조업체, 운영자, 사용자 간의 책임 분담에 대한 명확한 가이드라인과 법적 기준을 마련하여 예측 가능성을 높여야 한다.

결론적으로, 공정성, 투명성, 책임성은 신뢰할 수 있는 AI라는 집을 짓는 세 개의 단단한 기둥과 같다. 이 중 하나라도 부실하면 집 전체가 무너질 수 있다.

따라서 기업과 개발자는 AI를 만드는 모든 과정에서 이 세 가지 원칙을 끊임없이 점검하고 내재화해야 하며, 정부와 사회는 이를 뒷받침할 수 있는 견고한 제도적 틀을 함께 만들어가야 한다.

9.2 편향성의 도전: '젠더 쉐이드'의 교훈

AI 윤리가 왜 중요한지를 논할 때, MIT 미디어랩의 연구원이었던 조이 부올람위니(Joy Buolamwini)가 이끈 '젠더 쉐이드(Gender Shades)' 연구만큼 상징적이고 강력한 사례는 없을 것이다. 이 연구는 AI 윤리가 더 이상 추상적인 철학의 영역이 아니라, 기술의 현실적 결함과 사회적 차별의 문제를 정면으로 다루는 실천적 과제임을 전 세계에 각인시킨 일대 사건이었다.

'젠더 쉐이드'는 당시 IBM, 마이크로소프트, 페이스북 등 세계적인 기업들이 상용화하여 서비스하던 안면 인식 AI가 사용자의 인종과 성별에 따라 얼마나 심각한 성능 차이를 보이는지를 과학적으로 폭로했다. 연구 결과는 충격적이었다.

피부색이 밝은 남성

오류율이 1% 미만으로, 거의 완벽에 가까운 성능을 보였다.

피부색이 어두운 여성

오류율이 무려 35%에 육박했다. 즉, 세 명 중 한 명은 성별을 제대로 인식하지 못하는 심각한 결함을 보인 것이다.

이러한 엄청난 성능 격차의 원인은 명확했다. 바로 AI를 학습시키는 데 사용된 '훈련 데이터'의 편향성에 있었다. 당시 상용 안면 인식 AI 모델들은 대부분 인터넷에서 수집한 공개 이미지 데이터셋으로 학습되었는데, 이 데이터셋이 압도적으로 백인, 그리고 남성 위주로 구성되어 있었던 것이다. AI는 자신이 학습한 데이터를 기준으로 세상을 인식한다. 백인 남성이라는 '표준' 데이터에 익숙한 AI에게, 유색인종, 특히 유색인종 여성의 얼굴은 낯설고 어려운 '예외' 사례였던 셈이다.

'젠더 쉐이드'가 던지는 교훈

이 연구는 우리에게 몇 가지 중요한 교훈을 남겼다.

첫째, AI는 결코 본질적으로 중립적이거나 객관적이지 않다. 많은 사람들이 기술은 가치중립적이라고 생각하지만, AI는 그것을 만든 사람과 사회의 편견, 그리고 그것이 학습한 데이터의 한계를 그대로 반영하는 거울과 같다. 편향된 데이터로 학습된 AI는 현실 세계에 존재하는 차별과 불평등을 단순히 재현하는 것을 넘어, 알고리즘이라는 과학적 외피를 쓰고 그 차별을 자동화하고 대규모로 증폭시킬 수 있다. 만약 이러한 편향된 안면 인식 기술이 범죄 수사나 채용 과정에 무비판적으로 사용된다면, 특정 인종이나 성별의 사람들에게 돌이킬 수 없는 피해를 입힐 수 있다.

둘째, 데이터의 '양'만큼 '질'과 '대표성'이 중요하다.

AI 시대에 데이터는 새로운 석유라고 불리지만, 정제되지 않은 원유가 쓸모없듯, 편향되고 대표성이 결여된 데이터는 오히려 독이 될 수 있다. 공정한 AI를 구축하기 위해서는 알고리즘 개발 단계 이전에, 우리가 해결하려는 문제와 관련된 모든 인구 집단을 공정하게 대표하는 고품질의 데이터를 확보하는 것이 무엇보다 중요하다. 이는 단순히 기술적인 문제를 넘어, 데이터 수집 단계부터 윤리적이고 사회적인 고려가 반드시 필요함을 의미한다.

셋째, 지속적인 감시와 교정 없이는 공정한 AI를 만들 수 없다.

AI 모델은 한번 배포하고 끝나는 완성품이 아니다. 사회가 변하고 새로운 데이터가 쌓이면서 AI의 성능과 편향성은 계속

해서 변할 수 있다. 따라서 AI 시스템을 배포한 후에도 그 성능을 지속적으로 모니터링하고, 편향성이 발견될 경우 이를 신속하게 교정하는 체계적인 프로세스를 갖추는 것이 필수적이다. 이는 AI 라이프사이클 전반에 걸친 거버넌스의 중요성을 강조한다.

'젠더 쉐이드' 연구의 파장은 컸다. 연구 결과가 발표된 후, IBM과 마이크로소프트 등 관련 기업들은 즉각적으로 자신들의 알고리즘을 개선하기 위한 조치에 착수했으며, 이는 업계 전반에 AI 편향성 문제에 대한 경각심을 불러일으키는 계기가 되었다.

이 사례는 AI 윤리가 왜 중요한지를 명확히 보여준다. 윤리적 고려가 결여된 AI 개발은 단순히 '착하지 않은' 기술을 만드는 수준을 넘어, 특정 집단에게 실질적인 피해를 주고 사회적 불평등을 심화시키는 '결함 있는' 기술을 만드는 일이다. 결국 공정성은 AI 기술의 품질과 신뢰성을 담보하는 핵심적인 요소이며, '젠더 쉐이드'는 그 사실을 우리에게 아프게 일깨워준 중요한 교훈으로 남아있다.

9.3 새로운 직책의 부상: AI 윤리 책임자

AI 윤리 원칙을 선언하고, 편향성의 위험을 인지하는 것만으로는 충분하지 않다. 이러한 원칙과 인식을 조직의 실제 업무 프로세스와 의사결정 구조 안에 실질적으로 구현하고 감독할 수 있는 구체적인 실행 체계가 필요하다.

이러한 시대적 요구에 부응하여, 최근 많은 선도 기업들에서 'AI 윤리 책임자(AI Ethics Officer, AEO)' 또는 '책임 있는 AI 책임자(Responsible AI Officer)'라는 새로운 리더십 역할이 빠르게 부상하고 있다.

AI 윤리 책임자는 단순히 법규 준수를 감시하는 컴플라이언스 담당자와는 다르다. 그들은 기술, 법률, 철학, 그리고 비즈니스 거버넌스를 아우르는 깊이 있는 전문성을 바탕으로, 조직의 AI 혁신이 윤리적 가이드라인이라는 '레일' 위에서 안전하게 달릴 수 있도록 이끄는 파수꾼이자 전략가 역할을 수행한다. 그들은 AI가 가져올 수 있는 비즈니스 기회와 사회적 리스크 사이에서 균형을 잡고, 조직의 모든 구성원이 AI 윤리를 자신의 업무와 연결하여 생각할 수 있도록 문화를 조성하는 책임을 진다.

AI 윤리 책임자의 핵심 역할과 책임

AI 윤리 책임자의 구체적인 역할은 조직의 특성과 규모에 따라 다를 수 있지만, 공통적으로 다음과 같은 핵심 책임을 수행한다.

AI 윤리 프레임워크 개발 및 내재화

조직의 핵심 가치와 비전, 그리고 국내외 법규 및 사회적 표준을 종합적으로 고려하여 조직 맞춤형 AI 윤리 프레임워크를 개발한다.

이 프레임워크가 단순한 선언문에 그치지 않고, 제품 기획, 데이터 수집, 모델 개발, 테스트, 배포, 모니터링 등 AI 라이프 사이클 전반에 걸쳐 실질적으로 적용될 수 있도록 구체적인 가이드라인과 체크리스트, 도구를 제공한다.

AI 프로젝트의 잠재적 윤리 리스크 평가 및 완화

새로운 AI 프로젝트가 기획되는 초기 단계부터 참여하여, 해당 기술이 가져올 수 있는 잠재적인 윤리적, 사회적 리스크(예: 편향, 차별, 사생활 침해, 일자리 대체 등)를 평가하는 '윤리 영향 평가(Ethical Impact Assessment)'를 주도한다.

평가 결과를 바탕으로 리스크를 완화할 수 있는 구체적인 기술적, 정책적, 절차적 방안을 수립하고, 이것이 프로젝트에 제대로 반영되는지 지속적으로 감독한다.

전 직원 대상 AI 윤리 교육 및 문화 확산

엔지니어와 데이터 과학자뿐만 아니라, 기획, 마케팅, 영업, 인사 등 모든 부서의 직원들이 AI 윤리의 중요성을 이해하고 자신의 업무에서 실천할 수 있도록 맞춤형 교육 프로그램을 개발하고 실행한다.

사내 워크숍, 세미나, 뉴스레터 등을 통해 AI 윤리 관련 최신 동향과 모범 사례를 공유하며, 조직 전체에 윤리적 감수성을 높이고 책임 있는 AI 문화를 확산시킨다.

AI 관련 규제 및 사회적 표준 변화 모니터링

EU의 AI 법안, 미국의 알고리즘 책임성 법안 등 전 세계적으로 빠르게 변화하는 AI 관련 법률 및 규제 동향을 면밀히 모니터링하고, 조직이 이를 선제적으로 준수할 수 있도록 대비책을 마련한다.

학계, 시민사회, 국제기구 등 외부 이해관계자들과의 네트워크를 구축하여 AI 윤리에 대한 사회적 논의와 표준 변화에 대한 깊이 있는 통찰력을 확보한다.

외부 이해관계자와의 소통을 통한 투명성과 책임성 확보

조직의 AI 윤리 원칙과 거버넌스 체계, 그리고 주요 활동 내용을 담은 투명성 보고서(Transparency Report)를 정기적으로 발간하여 고객, 투자자, 규제 당국 등 외부 이해관계자들과 소통한다.

AI 관련 이슈나 사고 발생 시, 이를 투명하게 공개하고 책임 있는 자세로 대응하는 위기관리 커뮤니케이션을 총괄하며 조직의 사회적 신뢰를 지키는 역할을 한다.

AI 윤리 책임자의 성공은 단순히 개인의 역량에만 달려있지 않다. 이 역할이 조직 내에서 실질적인 힘을 발휘하기 위해서는 최고경영진(CEO)의 강력한 지지와 지원이 필수적이다. 또한, 특정 AI 프로젝트의 개발을 중단시키거나 중대한 수정을 요구할 수 있는 독립적인 권한을 보장받아야 한다.

AI 윤리 책임자의 등장은 기업들이 AI 윤리를 더 이상 '좋은 일'이 아닌, 비즈니스의 성패를 좌우하는 '중요한 일'로 인식하기 시작했다는 명백한 증거다.

9.4 실천 가이드: 기업 내 AI 윤리 위원회 구축하기

AI 윤리 책임자라는 리더십 역할이 조직의 윤리적 방향을 제시하는 '선장'이라면, 'AI 윤리 위원회(AI Ethics Committee)' 또는 '책임 있는 AI 거버넌스 위원회(Responsible AI Governance Council)'는 그 방향이 올바른지, 집단지성을 통해 검증하고 중요한 결정을 내리는 '항해사 그룹'에 비유할 수 있다.

한 명의 전문가가 모든 윤리적 딜레마에 대한 정답을 찾기는 불가능하다. 특히 AI가 제기하는 문제들은 기술, 법, 사회, 인문, 비즈니스가 복잡하게 얽혀 있어 다각적인 관점에서의 깊이 있는 숙고가 반드시 필요하다.

따라서 독립적이고 실질적인 권한을 가진 AI 윤리 위원회를 구축하는 것은 AI 윤리를 조직 문화에 성공적으로 정착시키기 위한 가장 효과적이고 검증된 방법 중 하나다.

성공적인 AI 윤리 위원회는 단순히 보여주기식의 '윤리 세탁(Ethics Washing)' 기구로 전락하지 않고, 조직의 AI 혁신에 실질적인 가이드와 제동장치 역할을 수행한다. 성공적인 AI 윤리 위원회는 다음과 같은 핵심적인 특징을 가진다.

다학제적 구성(Multidisciplinary Composition): 균형 잡힌 시각의 힘

AI 윤리 문제는 결코 기술만의 문제가 아니다. 따라서 위원회는 다양한 전문성을 가진 구성원들로 채워져야 한다.

내부 전문가

- **기술 분야**: AI 모델의 작동 원리와 한계를 깊이 이해하는 수석 엔지니어, 데이터 과학자, 보안 전문가
- **법률 및 컴플라이언스 분야**: 개인정보보호, 지적재산권, 공정거래 등 관련 법규를 전문적으로 검토할 사내 변호사
- **비즈니스 및 제품 분야**: 기술의 시장 적용과 사용자 경험을 책임지는 제품 관리자(PM), 비즈니스 전략가
- **인사 및 조직문화 분야**: 채용, 평가 등 조직 내 AI 활용의 공정성을 감독할 인사 담당자

외부 자문가

조직 내부의 시각에만 매몰되지 않도록, 객관적이고 비판적인 목소리를 내줄 외부 전문가의 참여가 필수적이다.

- **윤리학/철학자**: 기술이 제기하는 근본적인 윤리적 딜레마에 대한 깊이 있는 통찰을 제공한다.
- **인권/시민사회 전문가**: AI가 사회적 약자나 소수자에게 미칠 수 있는 부정적인 영향을 감시하고 대변한다.
- **사회학/인류학자**: 기술이 특정 문화나 사회 구조에 미치는 장기적인 영향을 분석한다.
- **해당 산업 분야 전문가**: 의료, 금융, 교육 등 특정 도메인의 특수성과 규제를 이해하는 외부 전문가.

이처럼 다양한 배경을 가진 전문가들이 모여 토론할 때, 한쪽으로 치우치지 않는 균형 잡힌 결정을 내릴 수 있으며, 조직이 미처 인지하지 못했던 잠재적 리스크를 발견할 가능성이 높아진다.

독립성과 권한(Independence and Authority):
'이빨' 없는 호랑이는 무용지물

AI 윤리 위원회는 경영진의 부당한 압력이나 단기적인 사업 목표로부터 자유롭게 독립적으로 운영되어야 한다. 만약 위원회가 내린 권고 사항이 번번이 무시되거나, 사업부의 입김에 따라 결정이 뒤바뀐다면 위원회의 존재 이유는 사라진다.

따라서 위원회에는 특정 AI 프로젝트의 개발을 일시 중단(pause)시키거나, 중대한 수정(pivot)을 요구하거나, 심지어 완전 중단(stop)시킬 수 있는 실질적인 권한이 부여되어야 한다. 이러한 권한은 위원회의 결정에 무게를 실어주고, 조직 전체가 AI 윤리를 심각하게 받아들이도록 만드는 강력한 장치가 된다.

명확한 운영 절차(Clear Operational Procedures):
체계적인 거버넌스의 핵심

위원회가 효과적으로 기능하기 위해서는 명확하고 예측 가능한 운영 절차와 보고 체계를 갖추어야 한다.

윤리 영향 평가(Ethical Impact Assessment, EIA) 의무화
모든 신규 AI 프로젝트는 기획 단계에서부터 의무적으로 윤리 영향 평가를 수행하고, 그 결과를 위원회에 제출하도록 절차를 제도화해야 한다. 평가는 체크리스트 기반의 형식적인 절차를 넘어, 해당 AI가 미칠 수 있는 긍정적, 부정적 영향을 심층적으로 분석하는 과정이어야 한다.

정기적인 검토 회의

위원회는 분기별 또는 반기별로 정기적인 회의를 열어 진행 중인 주요 AI 프로젝트의 윤리적 측면을 검토하고, 새로운 기술이나 규제 변화에 대해 논의해야 한다.

명확한 에스컬레이션 절차

프로젝트 팀에서 윤리적 딜레마가 발생했을 때, 누구에게, 어떤 절차를 통해 문제를 제기하고 위원회의 검토를 요청할 수 있는지 명확한 보고 체계(escalation path)를 마련해야 한다. 이는 실무자들이 윤리적 문제에 직면했을 때 혼자 고민하지 않고 적극적으로 도움을 구할 수 있는 심리적 안전장치가 된다.

투명한 소통(Transparent Communication): 신뢰 구축의 시작

위원회는 '비밀 클럽'처럼 운영되어서는 안 된다. 위원회의 활동 내용과 주요 결정 사항은 정기적으로 조직 내외부에 투명하게 공개되어야 한다.

내부 소통

사내 인트라넷이나 뉴스레터를 통해 위원회의 회의록 요약, 주요 결정 내용, 그리고 그 결정의 배경을 직원들과 공유한다. 이는 조직의 책임성을 높이고, 직원들의 윤리적 인식을 제고하는 데 도움이 된다.

외부 소통

연례 투명성 보고서나 기업 블로그 등을 통해 위원회의 구성, 운영 방식, 그리고 주요 활동 성과를 외부에 공개한다. 이는 고객과 투자자, 시민사회로부터 사회적 신뢰를 구축하는 중요한 기반이 된다.

AI 윤리 위원회를 구축하고 운영하는 것은 결코 쉽지 않은 과정이다. 하지만 이러한 체계적인 거버넌스 구조를 갖추는 노력이야말로, 기업이 AI 시대의 거친 파도를 헤쳐나가며 장기적인 성공을 거두기 위한 가장 확실한 투자라 할 수 있다.

9.5 인간 중심 AI 구현을 위한 제언: 스탠퍼드 HAI의 비전

지금까지 우리는 AI 윤리의 구체적인 원칙과 이를 조직 내에서 구현하기 위한 실천적 방법론들을 살펴보았다. 하지만 우리가 궁극적으로 지향해야 할 목표는 단순히 윤리적 문제를 회피하거나 규제를 준수하는 소극적인 차원을 넘어, AI 기술을 통해 인간의 잠재력을 최대한 발현시키고 더 나은 사회를 만드는 '인간 중심 AI(Human-Centered AI)'를 적극적으로 구현하는 것이다.

이러한 비전을 세계적으로 선도하고 있는 대표적인 기관이 바로 스탠퍼드 대학의 '인간 중심 AI 연구소(Stanford Institute for Human-Centered Artificial Intelligence, 이하 HAI)'다. HAI는 AI 분야의 세계적인 석학인 페이페이 리(Fei-Fei Li) 교수와 존 에체멘디(John Etchemendy) 전 스탠퍼드 대학 총장이 공동 설립한 기관으로, 기술 자체의 발전을 넘어 AI가 인류에 미치는 영향에 대한 깊이 있는 연구와 학제간 협력을 추구한다.

인간 중심 AI의 핵심 철학

인간 중심 AI의 핵심 철학은 명확하다. AI는 인간을 대체하거나, 지배하거나, 소외시키기 위해 존재하는 것이 아니다. 오히려 AI는 다음과 같은 목표를 위해 설계되고 활용되어야 한다.

인간 역량의 증강(Augment Human Capabilities)

AI는 인간의 지능과 창의력을 보완하고 강화하는 파트너가 되어야 한다. 반복적이고 분석적인 작업은 AI에게 맡기고, 인간은 비판적 사고, 창의적 문제 해결, 공감과 소통, 윤리적 판단과 같은 인간 고유의 역량에 더욱 집중할 수 있도록 도와야 한다.

삶의 질 향상(Improve Quality of Life)

AI는 의료, 교육, 환경, 복지 등 인류가 직면한 난제들을 해결하고, 모든 사람의 삶의 질을 실질적으로 향상시키는 데 기여해야 한다.

공평한 혜택 분배(Ensure Equitable Benefits)

AI 기술 발전의 혜택이 특정 국가나 계층에만 집중되어서는 안 된다. 기술 개발 초기 단계부터 포용성을 고려하여, AI가 사회적, 경제적 격차를 해소하고 모든 인류에게 그 혜택이 공평하게 돌아가도록 노력해야 한다.

인간 중심 AI 구현을 위한 다학제적 접근

이러한 비전을 현실로 만들기 위해 HAI가 가장 강조하는 것이 바로 '다학제적 접근(Multidisciplinary Approach)'이다. 성공적인 AI 시스템은 뛰어난 알고리즘만으로는 결코 만들어질 수 없다. 기술이 사회에 도입되었을 때 어떤 파장을 일으킬지, 인간의 가치와 존엄성을 어떻게 지킬 수 있을지, 발생 가능한 부정적인 결과를 최소화하기 위한 안전장치는 무엇인지에 대한 깊은 성찰이 필요하기 때문이다.

이를 위해서는 기술 개발 초기 기획 단계부터 컴퓨터 과학자나 엔지니어뿐만 아니라, 다음과 같은 다양한 분야의 전문가들이 함께 머리를 맞대야 한다.

- **사회과학자(Social Scientists)**: 사회학자, 경제학자, 정치학자들은 AI 기술이 사회 구조, 노동 시장, 권력 관계에 미칠 영

향을 분석하고 예측한다.
- **인문학자**(Humanists): 철학자, 역사학자, 문학가들은 AI가 제기하는 인간의 정체성, 윤리, 가치와 같은 근본적인 질문에 대한 깊이 있는 통찰을 제공한다.
- **각 분야 전문가**(Domain Experts): 의료, 법률, 금융, 교육 등 특정 분야의 전문가들은 해당 분야의 특수성과 복잡성을 이해하고, AI가 현장에서 실질적으로 어떻게 작동해야 하는지에 대한 현실적인 조언을 제공한다.
- **정책 및 법률 전문가**(Policy and Legal Experts): 책임 있는 AI 활용을 위한 정책과 법률, 제도를 설계한다.

이처럼 다양한 분야의 지혜를 융합할 때, 비로소 우리는 기술적 성능과 인간적 가치가 균형을 이루는 진정한 의미의 '인간 중심 AI'를 만들어갈 수 있다.

산업 현장에서의 인간 중심 AI

인간 중심 AI는 더 이상 학계의 이상적인 구호에 머무르지 않는다. 이미 다양한 산업 현장에서 그 철학이 구체적인 모습으로 구현되고 있다.

의료

AI는 의사를 대체하는 것이 아니라, 의사의 '두 번째 눈'이 되어준다. AI는 수많은 의료 영상 이미지(CT, MRI 등)를 순식간에 분석하여 의심스러운 병변을 찾아내고, 방대한 의학 논문과 환자 데이터를 분석하여 개인 맞춤형 치료법을 추천한다.

하지만 최종 진단과 치료 계획의 결정은 환자와 교감하고 복합적인 상황을 고려할 수 있는 인간 의사의 몫으로 남는다. 이는 AI가 의사의 진단 정확도를 높이고 시간을 절약해주어, 의사가 환자에게 더 집중할 수 있도록 돕는 대표적인 역량 증강 사례다.

교육

AI는 획일적인 교육에서 벗어나 학생 개개인의 수준과 학습 속도에 맞춘 '맞춤형 학습'을 가능하게 한다. AI 튜터는 학생의 취약점을 분석하여 추가적인 연습 문제를 제공하고, 교사가 학생들의 과제를 채점하고 행정 업무를 처리하는 시간을 줄여준다.

이를 통해 교사는 기계적인 업무에서 벗어나, 학생들과의 정서적 교감, 창의력과 비판적 사고력을 길러주는 토론 수업 등 더 본질적인 교육 활동에 집중할 수 있다.

제조

스마트 팩토리의 AI는 위험하고 반복적인 작업을 로봇에게 맡김으로써 인간 노동자를 안전한 환경에서 일할 수 있도록 돕는다. 인간은 로봇을 관리하고, 전체 생산 공정을 최적화하며, 예기치 않은 문제가 발생했을 때 창의적인 해결책을 찾는 등 더 고차원적인 역할을 수행하게 된다.

이러한 사례들은 인간 중심 AI가 인간의 역할을 빼앗는 것이 아니라, 오히려 인간이 가장 잘할 수 있는 일에 집중하도록 도와 인간과 기술의 성공적인 협력 모델을 만들어가고 있음을 보여준다.

결론적으로, 'AI 윤리'는 더 이상 선택 사항이나 규제를 피하기 위한 소극적인 체크리스트가 아니다. 이는 제품의 품질과 리스크 관리의 핵심적인 부분이며, 나아가 기업과 사회의 미래 비전과 직결된 문제다.

과거 아마존의 채용 AI나 미국의 범죄 예측 알고리즘 COMPAS의 실패 사례에서 명확히 드러났듯이, 편향된 알고리즘은 단순히 윤리적 실패에 그치는 것이 아니라, 기업의 평판에 심각한 타격을 입히고 막대한 손실을 초래하는 명백한 '제품의 실패'다.

유럽연합(EU)의 AI 법안을 필두로 전 세계적으로 AI에 대한 규제가 강화되면서, 공정성, 투명성, 책임성은 이제 피할 수 없는 법적 요구사항이 되고 있다. 이러한 변화의 흐름 속에서, 윤리적 원칙을 제품 개발 생애주기 전반에 깊숙이 통합하고 인간 중심의 가치를 실현하는 기업만이 장기적으로 고객과 사회의 신뢰를 얻고 지속 가능한 성공을 거둘 수 있을 것이다.

이 책의 마지막 장을 마무리하며, 스탠퍼드 HAI의 공동 설립자인 페이페이 리 교수의 말을 다시 한번 되새기고자 한다.
"우리가 AI를 만들 수 있다면, 우리는 스스로에게 물어야 합니다. 과연 우리는 공익을 위한 AI를 만들 수 있는가? … 인간 중심의 AI를 만들어 갑시다."
이것이야말로 AI 네이티브 시대를 살아갈 우리 모두에게 주어진 시대적 과제이자 사명이다.

우리는 이 책을 통해 'AI 네이티브'라는 거대한 시대적 전환의 의미를 다각도로 탐색했다. AI 네이티브로의 전환은 단순히 새로운 기술을 업무에 도입하는 것을 넘어, 우리의 사고방식, 일하는 방식, 소통하는 방식, 그리고 사회를 조직하는 방식 자체를 근본적으로 재설계하는 문명사적 과정이다.

Part 1

〈AI 네이티브, 혁신적 변화의 시작〉에서는 AI 네이티브가 단순히 디지털 기기에 익숙한 디지털 네이티브와는 어떻게 다른지, 그들이 정보를 소비하고 세상을 인식하는 근본적인 차이를 살펴보았다. 그리고 인간의 코드가 아닌 데이터가 스스로 소프트웨어를 만드는 'Software 3.0'이라는 새로운 기술 패러다임이 어떻게 이 거대한 변화를 가능하게 하는지를 조망했다.

Part 2

〈AI 네이티브 기업의 탄생과 성장〉에서는 AI 네이티브 시대에 성공하는 기업들의 방정식을 구체적인 사례를 통해 확인했다. 이들은 단순히 AI 기술을 도입하는 것을 넘어, 고품질의 데이터를 축적하여 강력한 '데이터 해자'를 구축하고, 변화에 신속하게 대응하는 '민첩한 조직'을 만들며, 정답을 찾기보다 올바른 질문을 던지는 '질문하는 리더십'을 통해 혁신을 이끌어내고 있었다.

Part 3

〈AI 네이티브 시대의 사회적 변화와 미래 전망〉에서는 AI가 가져올 사회적 변화의 밝은 면과 어두운 면을 동시에 조망했다. AI가 산업의 지형을 바꾸고 새로운 기회를 창출하는 동시에, 일자리의 소멸과 불평등 심화라는 도전을 어떻게 야기하는지 살펴보았다.

또한, 탈중앙화된 신뢰를 구현하는 Web 3.0과의 융합이 가져올 새로운 가능성을 탐색하고, 마지막으로 이 모든 기술의 발전이 인간을 향하도록 하기 위한, 규범과 가치를 지키기 위한 우리의 과제를 논의했다.

이 모든 논의를 관통하는 핵심 메시지는 역설적이지만 명확하다. AI 네이티브가 된다는 것은 기계처럼 생각하는 법을 배우는 것이 아니라, 오히려 가장 인간적인 역량에 집중하는 것이다.

AI가 분석, 계산, 예측, 자동화의 영역에서 인간의 능력을 압도적으로 능가할수록, 우리는 기계가 흉내낼 수 없는 우리 고유의 가치를 더욱 발전시켜야 한다. 그것은 바로 새로운 것을 상상하는 창의성, 현상을 꿰뚫어 보는 비판적 사고, 타인의 감정을 이해하고 협력하는 공감 능력, 그리고 무엇이 옳고 그른지를 판단하는 윤리적 감수성이다.

AI는 인류가 발명한 가장 강력한 도구 중 하나이지만, 그 자체로는 선하지도 악하지도 않으며 방향성도 없다. 그 막강한 힘을 인류의 번영과 지속가능한 미래를 위해 사용하는 키를 쥔 것은 전적으로 우리 자신이다.

AI 네이티브로의 여정은 기술에 대한 표면적인 이해에서 시작하여, 조직과 사회의 구조적 변화를 거쳐, 궁극적으로 '우리는 어떤 미래를 원하는가?'라는 가장 인간적인 성찰로 귀결된다.

이 책이 독자 여러분 각자의 자리에서 다가오는 AI 시대를 두려움 없이 마주하고, 기술과 인간이 조화롭게 공존하는 더 나은 미래를 만들어가는 데 작은 등불이 되기를 진심으로 희망한다.

참고문헌

a16z. (2023, June 14). The New Language of Software Development.
Accenture. (2024, February 13). Accenture to Acquire Udacity to Enhance LearnVantage.
Acemoglu, D., & Restrepo, P. (2019). Automation and New Tasks: How Technology Displaces and Reinstates Labor. Journal of Economic Perspectives.
Andreessen Horowitz (a16z). (2023, May 16). Why AI Will Save the World.
Andreessen Horowitz. (2020, January 16). The New Business of AI.
AT&T. (n.d.). Future Ready Initiative.
Atlassian. (n.d.). The Spotify Model.
Berger, W. (2014). A More Beautiful Question.
Bloomberg. (2023, August 8). Palantir's AI Platform Shows Early Signs of Success.
Bloomberg. (2024, February 27). China's New AI 'Tigers' Are

Raising Billions to Take On the U.S.

Boston Consulting Group. (2023, May 22). To Pioneer Gen AI, Rethink Your Operating Model.

Brown, T. (2009). Change by Design.

Buolamwini, J., & Gebru, T. (2018). Gender Shades: Intersectional Accuracy Disparities in Commercial Gender Classification.

CB Insights. (2024, January 10). 12 Industries Being Disrupted By AI.

Center for Security and Emerging Technology (CSET). (2022). China's AI Strategy.

Christensen, C. M. (2011). The Innovator's Dilemma.

CoinDesk. (2023, August 29). The Convergence of AI and Crypto.

CPO Magazine. (2024, March 13). Centaur vs. Cyborg: Learning to Use AI for Good.

Deloitte. (2023). 2023 Global Human Capital Trends.

Diamandis, P. H., & Kotler, S. (2012). Abundance: The Future Is Better Than You Think.

Duhigg, C. (2016, February 25). What Google Learned From Its Quest to Build the Perfect Team. The New York Times Magazine.

ENROLLIFY. (n.d.). Episode #85: Software 3.0 and the Future of Software Development.

Entrepreneur. (2024, May 22). Companies Step Up Reskilling in the Era of AI.

EY. (2023, October 18). How to unlock the power of people in the age of AI.

Fei-Fei Li. (2019, September). A new moonshot for AI. TED Talk.

Financial Times. (2023, November 2). Palantir lifts revenue forecast on 'unprecedented' AI demand.

Forbes. (2021, September 21). The Rise Of The Chief AI Ethics Officer.

Forbes. (2023, March 15). How Palantir Is Helping Companies Become AI-Native.

Forbes. (2023, October 26). Render Network: The Decentralized GPU Marketplace.

Forbes. (2024, May 13). AI And The Future Of Work: A Tsunami Of Change Is Coming.

Foreign Affairs. (2024, March/April). The AI Power Paradox.

Foundation. (n.d.). AI-Native vs. Embedded AI: The Billion-Dollar Difference B2B SaaS Companies Need to Know.

Gartner. (2022, January 18). The Role of the AI Ethics Officer.

Gartner. (2023, October 16). Gartner Identifies Top 10 Strategic Technology Trends for 2024.

Gates, B. (2024, May 13). The Age of AI has begun.

Google re:Work. (n.d.). Guide: Understand team

effectiveness.

Grant, A. (2021). Think Again.

Greylock. (2023, April 18). The New New Moats.

Guest, D. (1991). The Hunt is on for the Renaissance Man of Computing. The Independent.

Harvard Business Review. (2019, October 2). AT&T's Billion-Dollar Bet on Reskilling.

Harvard Business Review. (2020, October 14). A Practical Guide to Building Ethical AI.

Harvard Business Review. (2022, May 19). Do You Need a Chief AI Ethics Officer?

Harvard Business Review. (2023, April 12). AI and the Future of Work.

Harvard Business Review. (2023, September 21). AI Is Going to Change How You Lead.

IEEE Spectrum. (2023, July 20). The Privacy Pitfalls of Web3.

Kakao. (2022). Kakao AI Ethics Charter.

Kakao. (2023, June 7). Kakao Unveils its AI Strategy.

Kakao. (2023, November 9). Kakao Announces Q3 2023 Results.

Karpathy, A. (2023, November 27). Intro to Large Language Models.

Karpathy, A. (2024, January 24). State of GPT.

Kniberg, H., & Ivarsson, A. (2012). Scaling Agile @ Spotify.

Korn Ferry. (2023). *The Future of Work is Human*.

Kurzweil, R. (2001). *The Law of Accelerating Returns*.

Kurzweil, R. (2005). *The Singularity Is Near*.

Kurzweil, R. (2023, June 15). *Ray Kurzweil: The Singularity is Nearer*.

Li, F. F. (2018, November 12). How to make AI that's good for people. *The New York Times*.

McKinsey & Company. (2023, June 13). *The state of AI in 2023: Generative AI's breakout year*.

Messari. (2023). *Crypto Theses for 2024*.

MIT News. (2018, February 11). *Study finds gender and skin-type bias in commercial artificial-intelligence systems*.

MIT Sloan Management Review. (2022, August 23). *Building an AI-Powered Organization*.

MIT Technology Review. (2023, November 1). *The most important skill in the age of AI*.

MIT. (n.d.). *The MIT Stephen A. Schwarzman College of Computing*.

Nadella, S. (2017). *Hit Refresh*.

National Academies of Sciences, Engineering, and Medicine. (2021). *The Societal Impacts of Artificial Intelligence*.

O'Neil, C. (2016). *Weapons of Math Destruction*.

Outlier Ventures. (2023). *The Open Metaverse OS*.

Oxford University. (n.d.). *The Institute for Ethics in AI*.

Palantir. (2023, February 13). Palantir Technologies Inc. Q4 2022 Earnings Call.

Palantir. (2023, May 9). Palantir and PG&E: A Partnership to End Wildfires.

Palantir. (2024, February 5). Palantir Reports 2023 and Q4 2023 Results.

Palantir. (n.d.). What is Foundry?

PG&E. (n.d.). Wildfire Safety Program.

PwC. (2023). AI at Work.

Render Network. (n.d.). About Render Network.

Reuters. (2023, August 7). Palantir raises annual revenue forecast on AI frenzy, shares soar.

Reuters. (2024, March 11). Chinese AI startup Moonshot AI raises over $1 billion.

Salesforce. (n.d.). Salesforce's Trusted AI Principles.

Sequoia Capital. (2023, March 21). Generative AI's Act Two.

Shneiderman, B. (2022). Human-Centered AI.

Sinek, S. (2009). Start with Why.

Solid Project. (n.d.). About Solid.

South China Morning Post. (2024, April 8). China's AI unicorns race to catch up with OpenAI.

Stanford University. (n.d.). Stanford Institute for Human-Centered Artificial Intelligence (HAI).

Star, G. (n.d.). AI-Enabled vs. AI-Native Platforms: The Key

Differences.

Stratechery by Ben Thompson. (2023, April 3). The AI Unbundling.

TechCrunch. (2023, November 7). Jasper, the AI writing assistant, raises $125M at a $1.5B valuation.

The Brookings Institution. (2023, May 24). Will AI augment or replace professional work?

The Economist. (2023, May 11). Palantir, the controversial data-mining firm, is coming in from the cold.

The Information. (2024, February 20). The Four Startups Behind China's AI Frenzy.

The Korea Herald. (2023, November 2). Kakao shifts focus to AI, vows to restore trust.

The New York Times. (2018, February 9). Facial Recognition Is Accurate, if You're a White Guy.

The State Council of the People's Republic of China. (2017, July 20). Notice on the Issuance of the New Generation Artificial Intelligence Development Plan.

The Wall Street Journal. (2021, July 22). PG&E to Bury 10,000 Miles of Power Lines to Reduce Wildfire Risk.

The Wall Street Journal. (2023, December 28). Ray Kurzweil on the Future of AI and Humanity.

The Wall Street Journal. (2023, October 17). China Pours Money Into AI Startups to Rival U.S.

Thrive. (n.d.). Why AI Makes T-Shaped Talent Your Most Valuable Asset.

Tim Berners-Lee. (2017, November 8). I Invented the World Wide Web. Here's How We Can Fix It.

U.S. Bureau of Labor Statistics. (2023, September 6). Employment Projections: 2022-2032 Summary.

Vitalik Buterin. (2022, January 26). The Limits to Blockchain Scalability.

W3C. (n.d.). Decentralized Identifiers (DIDs) v1.0.

W3C. (n.d.). Verifiable Credentials Data Model v1.1.

Workday. (n.d.). Skills Cloud.

World Economic Forum. (2020). Data Sovereignty: A New Paradigm for the Digital Age.

World Economic Forum. (2023). Future of Jobs Report 2023.

World Economic Forum. (2023, April 30). The Future of Jobs Report 2023.

World Wide Web Consortium (W3C). (n.d.). Self-Sovereign Identity (SSI).

Yonhap News Agency. (2023, December 19). Kakao launches new AI governance committee.

ZDNet Korea. (2023, March 22). Kakao Brain's XAI Research.

기업과 개인을 위한 생존과 성장의 코드
AI 네이티브 시대가 온다

초판 1쇄 발행 2025년 8월 25일
초판 2쇄 발행 2025년 9월 15일

지은이 윤석빈
펴낸곳 굿모닝미디어
펴낸이 이병훈

출판등록 1999년 9월 1일 등록번호 제10-1819호
주소 서울시 마포구 동교로50길 8, 201호
전화 02) 3141-8609
팩스 02) 6442-6185
전자우편 goodmanpb@naver.com

ISBN 978-89-89874-57-7 03320

- 책값은 뒤표지에 있습니다.
- 잘못된 책은 구입하신 서점에서 바꾸어 드립니다.